# 江戸の都市力

## ——地形と経済で読みとく

鈴木浩三
Suzuki Kozo

ちくま新書

1219

# 江戸の都市力——地形と経済で読みとく

【目次】

# はじめに

## †「江戸」の意味

この本の主なテーマは、徳川家康が入府してからの「江戸づくり」である。ハードとソフトのインフラが有機的に結びつきながら整っていく様子、まち造りがもたらした経済の急拡大、出来上がった都市を管理する仕組みなど「江戸の都市力」と、その源について話を進めていく。

まず、本論に入る前に「江戸」という地名の意味を確認することから始めたい。

「江戸」の「江」には〝水が陸地に入りこんだところ〟、「戸」には〝モノの出入口〟といった意味がある。「江戸」と呼ぶようになった理由や、呼び始めた時期は定かではないが、江戸時代の〝都市改造〟以前は、江戸湾（東京湾）の最奥部にあった半島状の江戸前島の西側には、旧平川の河口部と日比谷入江、東側には旧石神井川の河口部があって、「江」や「戸」という語の意味通りの地理的条件を備えた場所であった（第1章図表1‐1）。

さらに東側をみると、東京下町低地と呼ばれる沖積地が武蔵野台地から下総台地まで広がっている。そこには、現在も隅田川（旧入間川）、荒川、中川（旧利根川）、江戸川（旧太《ふと》日《ひ》川）が流れているが、旧利根川水系が作る大きな「江」を形成していたのであった。

つまり「江戸」は、旧利根川水系の大河が流れ込む江戸湾最奥部の「江」に隣接するのと同時に、中小河川の河口部を東西の付け根部分に持った場所であった。このような地理的条件ゆえに、有史以来、水陸の交通を利用してヒトやモノなどが集まって、品物の交換や売買がなされる場、すなわち湊《みなと》や市場《いちば》として機能してきた。大河川に面する場所は、洪水など自然災害を受けやすいが、「江戸」の場合は、地名が付けられた頃の人々にとっては、「入江の戸」として管理可能であり、舟を着岸させて荷役をしたり、商取引などの社会的活動を安全に行うことのできる場所だったからである。

### ✝繁栄のポイント

家康以前、源頼朝や太田道灌《どうかん》の時代の江戸も、関東や甲信、東北地方の経済圏が重なる水運・商業の拠点であり、海運によって関西・西国のほか、大陸との交易も行われていた。

しかし、江戸が空間的にも都市の諸機能の面としても、急激に拡大・発展したのは、天正一八年（一五九〇）に家康が江戸に入ってからの約七〇年の間であった。国中からヒト・モノ・カネ・情報が輻輳する都市に変貌し、さまざまな価値が生み出されるようになった。この発展の起点になったのが、江戸前島と江戸湊であり、埋め立てや水路築造、道路整備を交えながら大城下町の建設が進められ、水運網も整えられていった。江戸前島の東西二つの河口部は埋め立てられ、江戸の姿は大きく変わっていったのである（海面に進出して都市を造成することは、明治以降も続き、現在に至っている）。

江戸の城と都市づくりでは、自然地形を最大限に活かすとともに、徳川幕府が武家政権であったが故、城と市街の防御・防衛という観点が底流にあった。また、国内の支配体制を強化するなかで、天下普請《ぶしん》により、大名たちの負担による江戸城や江戸市街の土木工事が繰り返し命じられ、江戸の防衛体制も強化されていった。

普請工事の集中とともに、参勤交代制度の確立は、全国の富が江戸に集中するメカニズムを定着させた。しかも、通貨発行権を掌握した家康の下で統一通貨が発行され、天下普請の資材・労働力などの購入に多用されたこともあって貨幣経済が急速に浸透した。家康が「お金の時代」の幕を開けたのであった。

徳川氏の江戸づくりを契機に、江戸は巨大な消費市場になり、それに伴うビジネスも成長して、資本主義的な社会が定着していった。金・銀・銭の三貨幣が変動相場で取引・交換され、遠隔地間の決済のための為替も発達し、労働市場さえ出現する時代が到来した。

「軍事」と結びついた〝大建築事業〟が、江戸のダイナミズムに火を付けたのであった。

とはいえ、そのダイナミズムを継続させたのは、ハードとソフトのインフラの相互作用と、それぞれの進化であった。城や都市の建設はハードとしてのインフラであるが、天下普請や参勤交代などの制度はソフト面のインフラだと言える。市街の造成はハード系であるが、そこで活動する商家の取引ルールをはじめ、通貨制度や、出来上がりつつあった都市の維持管理の仕組みはソフト系である。

ところが、多くの大名は大名貸《だいみょうがし》といって商人から多額の借金をして、江戸屋敷の運営や参勤交代の経費に注ぎ込むようになっていった。しかし、時代が進むにつれて、農地拡大による年貢増収も困難になり、返済は難しくなった。貨幣経済や商品流通が発達する一方で、経済面での「武士と町人の力関係の逆転」という皮肉な現象を招いたのであった。また、江戸への集中が続いたため、都市問題や貧困問題が深刻化し、幕府も対応に追われることになり、現代の福祉政策に相当する政策の展開もみられるようになっていった。

とはいえ、資本主義的な社会が訪れて、そのノウハウが約二六〇年間の江戸時代を通じて日本人に蓄積されたことは、明治以降の日本の近代化の重要な基盤になっている。

## †本書の構成

本書の構成は、次の通りである。

第1章では、徳川家康が入府する前の江戸に関して、地理的条件や、歴史の流れを通して、もともとの江戸の「土地がら」を描く。

第2章では、まず、家康が入府した直後の江戸の姿を紹介する。そして、城と城下町の建設では、防衛の発想を根底に置きながら、自然地形を最大限に活かしたこと、家康が大名を動員する天下普請の手法によって江戸を整備していくプロセスなどを具体的に述べていく。

第3章では、新たな城下町への商人の誘致や、天下普請や参勤交代によって、江戸をはじめとする全国の経済が大いに刺激され、江戸や大坂、全国の繁栄の基礎になったことに触れる。そして、江戸の都市づくりが貨幣経済の浸透とリンクしていた様子を、大名屋敷の築造のケースにより紹介する。

第4章では、江戸の発展を支えたソフト面のインフラに焦点をあてる。日本列島を一周する海運網や、大名や公家、寺社に対する支配システムの完成していくプロセスなどを紹介するとともに、明暦大火が契機となって百万都市・江戸の骨格が定まっていったことにも触れる。

第5章では、江戸という都市を管理し、機能させていくための仕組みについて触れる。

町奉行所と江戸の自治システムのほか、貨幣経済の浸透によって社会の構造変化が進み、武力ではなくて、「お金」を制する者が天下を制する時代になっていく様子を描く。

第6章では、江戸の繁栄の「陰の部分」として出現した都市問題に焦点をあてる。身分制の時代であり、人々に大きな経済的な格差があったが、社会の活力は増して文化も花開いている。ここでは貧窮者の実態のほか、江戸のセーフティネットや経済全体の底上げ、火事による景気刺激、各層の消費活動が活力を生んでいたことを描く。

なお、第1章から第3章などで扱う江戸の都市形成に関しては、主に鈴木理生による一連の著作を参考にした。

リオデジャネイロのオリンピック・パラリンピック大会が終り、次に東京で開かれるまで四年を切った。二〇二〇年大会の多くの競技予定地の過去をたどると、江戸の最も江戸らしい場所と重なる。となれば、現在は、五輪の舞台となる東京の原点や発展の背景を考える好機といえるだろう。それ故、東京の前身である江戸を振り返り、将来の「都市の発展」や「持続可能な東京」「安全な東京」への視点を定めていく上で、この本が少しでも役に立つとすれば、筆者として、これほど嬉しいことはない。

第１章
# 家康以前

江戸入り直後の家康は、塩の生産地・行徳と江戸を結ぶ沿海運河を造った。天保7年（1836）刊の「江戸名所図会」7巻でも、入国前の江戸湾の雰囲気を漂わせている。「江戸名所図会」より行徳汐浜。

## 1　江戸の「土地がら」

### †地理的条件

この本では、徳川家康が天正一八年（一五九〇）に入府してからの江戸城や江戸の町づくり、それらと経済の関係、さらには都市の管理などを描いていく。そこでこの章では、そうした本題に入る前に、「江戸はどのような場所だったのか」について簡単に触れる。というのは、「江戸時代の江戸」をイメージするには、もともとの江戸の「土地がら」——地理的条件やそれまでの人々の営みなど——を踏まえるのが近道だからである。

この章でいう江戸は、江戸前島と江戸湊を中心とする範囲である。江戸前島については第2章で詳しく述べるが、武蔵野台地の一部である本郷台地の東端部が波によって削り残された波蝕台地で、現在の銀座通りの両側にあたる。江戸前島の西側にあった日比谷入江は、江戸時代に埋め立てられて、現在の皇居外苑・日比谷公園・内幸町・新橋などの一帯になった。日比谷入江の最北部には、現在の日本橋川と神田川の原形である平川が注いでいた。また、江戸前島の東側は、旧石神井川の河口部であった（図表1-1）。

図表1-1　江戸の原型

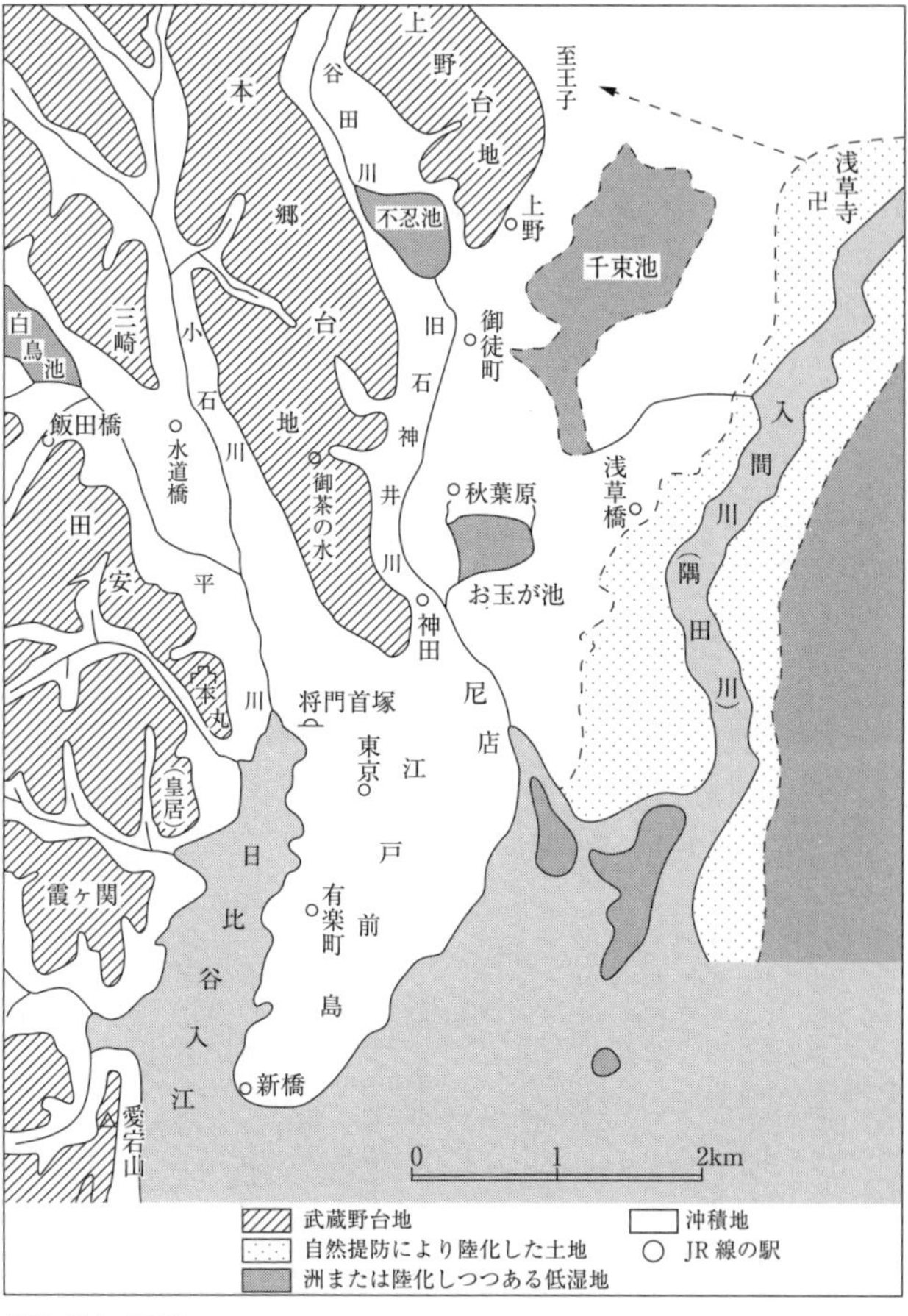


出所：鈴木（2000）

図表1－2　旧利根川河口部

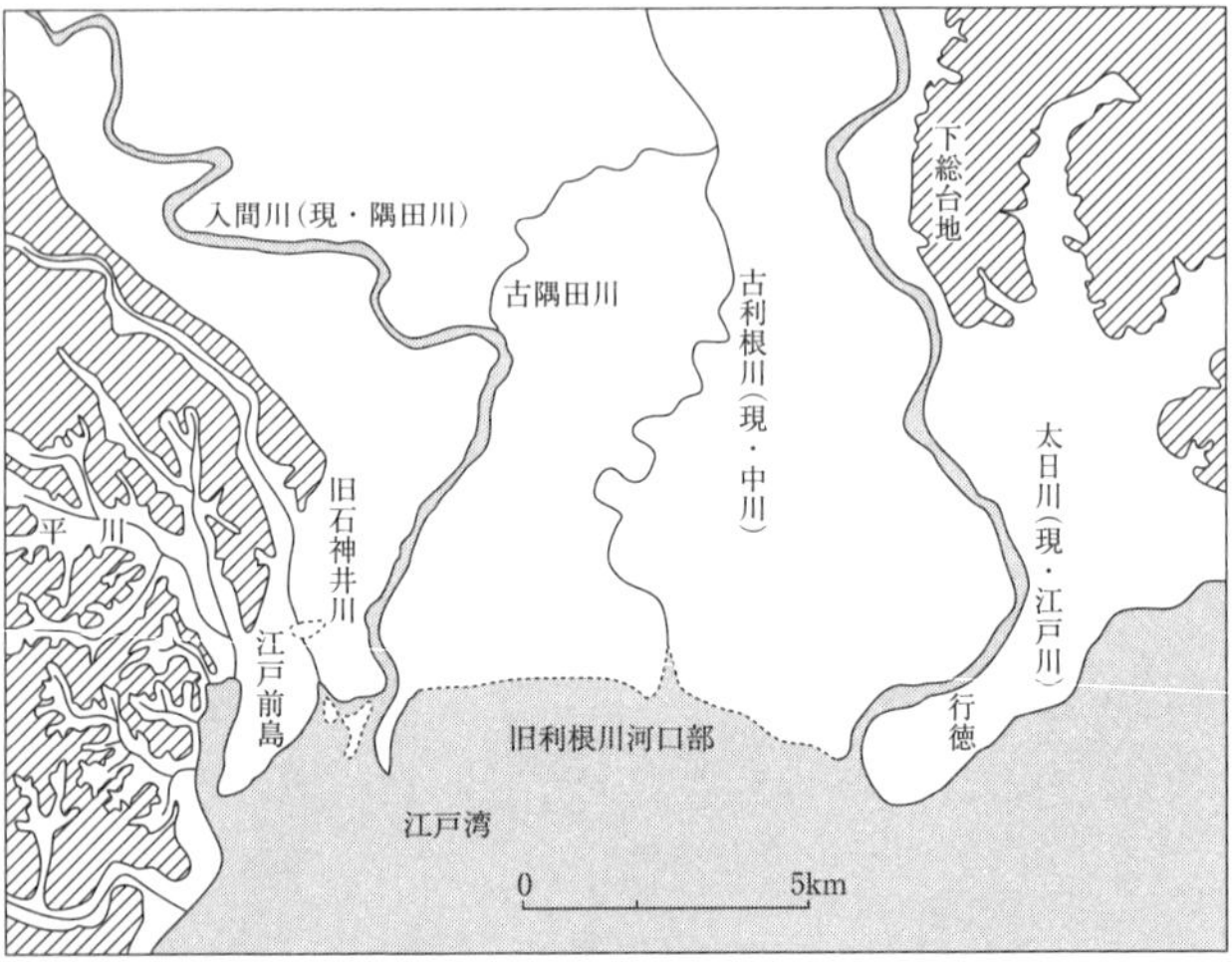


出所：鈴木（2000）および国土地理院基盤地図情報10mメッシュ(標高)データより作成

もう少し鳥瞰的にいえば、この場所は、江戸湾（東京湾）の最奥部を占める旧利根川河口の西側で、江戸湾に半島状に突き出していた江戸前島と日比谷入江を挟んだ範囲となる。旧利根川河口部は、東の千葉県市川市の下総台地と、西の武蔵野台地の間に挟まれた広大な沖積平野＝東京下町低地で、古利根川やその他多くの河川が江戸湾に注ぐため、江戸は関東平野全体と一体の関係にあった（図表1-2）。江戸前島は天然の良港として、水運の拠点であった江戸湊の中でも心臓部といえる。河川水運を介して、関東のほか東北南部や甲信の経済圏が重なると同時に、太平洋岸の海運で中部や関西などとも結ばれていた。

そのため、古くから江戸では、単に人々が居住するだけではなく、経済活動のほか文化、宗教などの諸活動が活発に展開されてきた。時代によって濃淡がみられるのは当然だが、密度の濃い歴史的・文化的なバックボーンを持った場所といえるだろう。

## †市場としての江戸

家康の入府以前も、江戸がヒト、モノなどが輻輳《ふくそう》する場所となっていた理由は、そこが、「取引の場」＝市場として人々から受け入れられ、信用され続けるとともに、物理的に安全かつ便利な場所だったからにほかならない。市場が成り立つうえで重要なことは、取引のルールが参加者に等しく適用され、領主や在世権力者などの恣意によって取引行為や価格決定が曲げられないこと、つまり、「安全・公正な市場」であった。それを確保する方法は、時代によって変化した。「安全・公正な市場」を保障する者が、神威を背景にした寺院や神社であった時代から、傭兵の力を借りる時代を経て、戦国大名が通関料を科するようになり、さらにそれが織田信長の進めた楽市楽座につながっていった。信長の比叡山の焼き討ちや本願寺攻めの背景の一つは、「取引の場」に対する支配権をめぐる攻防であり、最終的には、天下人が市場の安全を保障する形に進化していった。江戸時代になって、寺社は完全に世俗権力の統制下に組み入れられたが、そこにはそうした事情も影響しているだろう。

一方、市場としての物理的な安全の確保も不可欠であった。現代とちがって、堅固な港湾施設や堤防などを築けなかった時代には、湊や港湾の維持をはじめ、船の出入や荷物の積み下ろし、停泊などあらゆる面で、自然条件を味方に付ける必要があった。そのような条件を満たすのは、大河川や外洋には直接面さないなど、洪水や高波などの自然災害を受けにくい場所であり、かつ、それらへのアクセスが便利な場所ということになる。

この条件からすれば、江戸湾の最奥部で大河の河口とも一定の距離がある日比谷入江と旧石神井川の河口という小さな二つの湾、江戸前島という波蝕台地の一部で地盤の良い微高地と、それを対岸から眺めることのできる武蔵野台地からなる江戸は、安全かつ安定した航海や停泊、荷役、取引行為などを継続するには恵まれた地理的条件を備えていた。

†江戸前島と平将門

## 2 古代・中世のアウトライン

江戸湾の最奥部で、古くから開けていた場所は浅草湊であった。金龍山浅草寺の寺伝によれば、推古天皇三六年（六二八）、宮戸《みやと》川（入間《いるま》川の浅草寺に面した部分の古名）で、約六センチメートル（一寸八分）の黄金製の聖観音像が漁師の網にかかり、それを祀ったのが浅草寺の始まりだとされている。すでに八、九世紀には伝来した仏教を信仰する人々がいただけではなく、瓦葺きの伽藍《がらん》が建てられるほど栄えていたのであった。ここは、武蔵野台地の東端部が河川と海の浸食から残された微高地、待乳《まっち》山《やま》（真土山）の上で、土地の形成のされ方は江戸前島と同様であるが、西側の武蔵野台地とは切り離されていた。

この頃には、すでに四国の阿波国が源流の忌部《いんべ》氏（のち斎部《いんべ》氏）が、太平洋を伝って房総半島突端の安房国に進出していた。彼らにより、海神である天太玉命《あめのふとたまのみこと》と后神《きさきがみ》の天比《あめのひ》理乃《りの》咩命《めのみこと》が祀られる安房神社と洲崎明神が建てられていた。八世紀になると、安房から江戸湾の奥まで移住して来た人々によって、江戸前島の武蔵国豊島郡芝崎村に天比理《あめのひり》乃《の》咩《め》命《みこと》の分霊が祀られた、ないしは、天平二年（七三〇）に素戔嗚命《すさのおのみこと》が祀られたともいわれ、それが神田明神の起こりとされている（神田明神史考刊行会一九九二）（織田一九〇七）。

このように、古くから海と結びついた人々の営みが江戸前島で展開されていることからも、八世紀には組織的な江戸湾縦断と横断の航路が確立されていたとされる（鈴木二〇〇三）。天平二年に芝崎村に大己貴命《おおなむちのみこと》を祀ったのが始まりとする現在の神田明神の社伝とは異なるが、当時の江戸湾の海上交通や渡来人などの渡来状況をみると、アズミ族といわれる人々が江戸湊まで進出して、そこに安房神社を分祀していたとしても、状況に矛盾はない。

天慶三年（九四〇）に平将門事件で将門が討たれると、京都で晒《さら》されていた将門の首が、神通力で江戸前島のつけ根にあった芝崎村に〝飛んで来て〟、首塚（現在の千代田区大手町一丁目の将門公首塚）として祀られたとされている。それは、京都から将門の首ないしは遺品を運んで来た上に、芝崎村にそれを祀った者がいたことを示唆している。

将門の活躍の舞台は、筑波山麓から水郷地帯、武蔵野に至る関東平野一帯であった。水上交通や水田耕作、騎馬による移動が盛んな場所で、当時、さまざまな系譜の渡来人や移住者によって特有の経済圏・文化圏が作られていた。なかでも、栃木県佐野市の「天明《てんみょう》の鋳物」、尾崎前山（茨城県八千代町）の鉄は、将門の経済基盤の一つであった。しかし、東国は朝廷側からみれば辺境の搾取対象の「植民地」であった。それゆえ、それに抵抗した人々の代表格だった将門が、東国の水運の中心地に祀られたといえるだろう。

永承五年（一〇五〇）、前九年の役で東北地方に向かう途上の源義家が、千住で入間川（現・隅田川）を渡河した時に「熊野の御幣《ごへい》」を祀ったとされ、それが現在の荒川区南千住六丁目の熊野神社の起源とされている。この話には、入間川が大河であったという物理的な事情を超えて、それが関東と東北との境界となっていたこと、そして、この地に定着していた熊野神社を奉じる人々を味方につけなければ渡河が難しかったことを物語っている。

### †頼朝の挙兵と江戸氏

治承四年(一一八〇)に挙兵した源頼朝は、石橋山で敗れた後、安房国、下総国市川を経て武蔵国に入った。市川から太日《ふとひ》川(現・江戸川下流)・利根川(現・中川)を渡り、隅田宿(現・墨田区)に落ち着いた後、長井渡(入間川)を経て、王子の現・熊野神社付近で武蔵野台地に到達したのである。はじめは、江戸重長の勢力下の江戸を経由する予定だったが、重長が敵対していたこともあって、頼朝は江戸を迂回して、板橋から武蔵府中を経て鎌倉へ入った。一方の重長は、下総国と武蔵国を距《へだ》てる広義の利根川の制海権ならぬ制河権を握っていたが、頼朝の軍勢の急増に危機感を抱いた江戸氏一族の豊島清光と葛西清重のあっせんで頼朝に降伏した。この広義の利根川とは、太日川、利根川、入間川と、それらによって形成された沖積平野のことである。

頼朝挙兵から一〇〇年後の一三世紀後半に書かれたとされる『源平盛衰記《げんぺいじょうすいき》』によれば、市川の陣にあった頼朝が「あと一両日この場所に逗留して、上野《こうずけ》・下野国《しもつけのくに》からの軍勢が整ってから〝渡瀬地ヲ廻テ打上ラン事〟はどうか?」と尋ねている。これに対して部下は、

「平家の大軍が来る前に富士川まで陣を進めなければ」と反対した。時間との勝負だったのである。そこで、江戸・葛西両氏に浮橋の架橋を命じ、二名は「在家ヲコホチテ浮橋尋常ニ渡シタリ」という方法で浮橋を完成させた。それにより頼朝の軍勢は、「武蔵国豊島ノ上滝野河、松橋ト云所ニ陣ヲ取」（なお、『源平盛衰記』の長門本では「松橋」は「板橋」となっている。松橋は、王子神社付近の古地名でもある）というように、「敵前渡河」に近い形で武蔵野台地に取り付いて、滝野川の上流・板橋付近に上陸して陣を構えたのであった。

この〝渡瀬地ヲ廻テ〟という表現によれば、当時の下総台地の市川と武蔵野台地にはさまれた低湿地帯、すなわち旧利根川の河口部の情景は、自然堤防による陸地が水郷地帯の中に飛び石のようにあったことがわかる。また、三万人もの軍勢を渡すための浮橋を作る材料となる民家も多数あり、漁業や水運業などの多くの人々が住んでいたのであった。

さらに『義経記《ぎけいき》』では、頼朝は投降した重長に「江戸太郎八ケ国の大福長者と聞くに、頼朝が多勢《たせい》此二三日水に堰《せ》かれて渡しかねたるに、水の渡《わたり》に浮橋を組んで、頼朝が勢武蔵国王子板橋に附けよ」と命じた。そして、江戸・葛西両氏が「海人《あま》の釣舟を数《す》千《せん》艘上て、（中略）折節西国船の著きたるを数千艘取寄せ、三日がうちに浮橋を組んで、江戸太郎に合力す。（中略）さてこそ太日、墨田《すんだ》打越えて、板橋に著き給ひけり」となった。数千艘という表現は誇張かもしれないが、無数の小舟や多数の西国船の出入りを物語っている。

この西国船は、関西・九州はおろか、東シナ海まで渡る貿易船だったとみられる。

しかも、「大福長者」という表現が示すように、江戸重長は正統的な武士とはいえないが、強力な武力を備えた豪商ないしは武装通運業者の頭目というのが相応しい者であった。『源平盛衰記』も『義経記』も、写本で伝えられた軍記物であるが、それが書かれた時代において内容にリアリティが認められなければ後世には伝わらない。浮橋を作れるだけの人家が集積していた状況や、多数の小舟や西国船が集まっている様子、さらには重長についての「大福長者」という評価は、当時の読者と転記者に受け入れられた結果だといえる。

正史である『吾妻鏡《あずまかがみ》』でも、頼朝は重長を味方につけるため、「於武蔵国者、当時汝已為棟梁」つまり「現在のところ、お前（重長）は武蔵国の棟梁だ」と述べており、正統的な武士ではなかったとしても、重長が大いに勢力を誇っていたことを物語っている。当時の江戸湊には、多数の外航・内航の商船や商人が出入りし、多くの関係者の営業活動とともに、こうした強力な武装商人を成り立たせるだけの富が集積していたのである。

### †円覚寺と江戸前島

建久三年（一一九二）、源頼朝は征夷大将軍に任ぜられ、鎌倉に幕府を開いた。江戸は、鎌倉の後背地として引き続いて栄えたが、仁治二年（一二四一）には、朝夷奈《あさいな》の切通しが完成して、鎌倉と江戸湾に面した六浦《むつら》が直結している。この時代、大陸では元による対外侵攻の動きが加速し始めた。文応元年（一二六〇）に成立した日蓮の『立正安国論』が、そうした海外情勢を踏まえていたほか、頼朝挙兵の際に江戸湊に大陸からの船を含む西国船が多数寄港していた事実からも、大陸の動向は日本に容易に伝わっていたとみられる。

鎌倉の円覚寺に伝わる『円覚寺文書』によれば、二回目の元寇の翌年の弘安五年（一二八二）、執権・北条時宗は、宋から渡来した無学祖元を開山として円覚寺を建立した。翌年には、鎌倉幕府より円覚寺に尾張国冨田荘《とみたのしょう》（現・名古屋市中川区付近）などの地が寄進され、冨田荘から円覚寺への年貢米の輸送が、伊勢湾からの海上ルートで始まっている。

冨田荘は、庄内川の水運と当時の旧東海道などが交わる濃尾平野の要衝にあり、庄内川の河口付近の自然堤防と沖積地の上に成立していたが、木曽・長良・揖斐《いび》の濃尾三川や伊勢湾とは、直接は接していない。自然災害の影響を受けにくく、海・河・陸の交通が便利で、東西の経済圏が重複する場所だという地理的条件は、江戸湊との共通性が非常に高い。

この約三〇年後には江戸前島も円覚寺領になり、伊勢湾と江戸湾という海運の起終点で流通拠点だった両地における「安全・公正な市場」を円覚寺が保障する形となっている。

冨田荘に限らず、この頃から、鎌倉幕府は直轄領を、武士たちも領地を盛んに寺社に寄進している。自給自足的な領地を基盤にする武士たちも、年貢や諸産物を販売ルートに乗せたり、他の地域の商品を購入するための〝市場誘致〟の観点から、寄進に積極的だった。

　そこには、市場を成立させて経済を拡大するために、市場の「安全・公正」を寺院の権威によって保障させて、日本版の「神の見えざる手」を期待する意図があったろう。

　ところで、新潟県南魚沼市の関興《かんこう》寺に伝わる『関興寺文書』には、弘長元年（一二六一）、江戸前島の地頭・江戸長重（前述の江戸重長とは別人）から五代執権・北条時頼に宛てた「江戸長重譲り状」が残されている。この文書は江戸前島の初見資料で、「近年、飢饉が続き領地経営が成り立たないため、北条得宗《とくそう》家に領地を返上し、自ら被官となる」旨が記されている。これを見る限り、頼朝挙兵の際に江戸前島周辺が〝国際貿易港〟だった面影はない。江戸湊の後背地が飢饉で大打撃を受けたためなのか、領主でいるよりも北条家の役人になった方が江戸氏としては実入りが見込まれたからなのかは不明である。

　当時は、日蓮も含め、鎌倉仏教が花開いた時代でもある。一遍が開いた時宗《じしゅう》の二世・他《た》阿《あ》真教《しんきょう》が布教のために江戸を訪れ、将門の霊を慰め供養し、延慶二年（一三〇九）に日輪寺の境内にあった神田明神に奉祀したとされている。このとき、天台宗日輪寺の僧や村民が、念仏を唱えるだけで救われる時宗にこぞって改宗、日輪寺は芝崎道場日輪寺となった。江戸前島の住民たちは、京都色の強い天台宗よりも、新たな仏教に魅力を感じたのだろう。

　この時代、江戸前島にも大きな動きがあった。江戸氏の富の源泉の一つであった江戸前島が、鎌倉幕府から円覚寺に寄進されたのである。『円覚寺文書』には、正和四年（一三一五）の時点で、江戸前島が円覚寺の荘園となっていたことが記録されている。理由の記録はないが、すでに市場として機能している江戸前島を、冨田荘の運営実績のある円覚寺の荘園に再編して、江戸湾側の市場としての基盤強化を図った可能性もある。

## †伊勢湾からの海上ルート

元弘三年（一三三三）、新田義貞が鎌倉に攻め込み、激しい戦闘の末、北条氏（鎌倉幕府）は滅亡した。その一方で、この年には円覚寺の法堂建設のために伊豆国土肥山や相模国奥三保《おくさんぼう》（現・神奈川県相模原市の相模湖周辺）などから木材が調達されており（『円覚寺文書』）、このうち伊豆国の材木は鎌倉まで海上輸送されたとみられる。

建武元年（一三三四）の建武中興を経て、建武三年（一三三六）に室町幕府が開かれ、暦応元年（一三三八）には足利尊氏が征夷大将軍に就任し、日元貿易に続く形で日明貿易が盛んとなった。日明貿易では、鋼材としての日本刀と、火薬原料として利根川上流の上野国吾妻郡で産出する硫黄が日本からの主な輸出品で、主な輸入品は漢籍や薬種などであった。京都五山や鎌倉五山などが貿易を所管し、その主な僧たちが、経済僧として活動する時代になっていた。

この時期、江戸前島についての記録は見当たらなくなる。それはむしろ、鎌倉時代の末期に引き続く形で、円覚寺領として江戸湊の中心的な機能を果たしていたことを示唆している。状況に変化がないから、円覚寺にも、足利将軍家の関東の本拠・鎌倉公方《くぼう》側にも、江戸前島に関する記事を残す必要がなかったのであろう。そうした中、応永三一年（一四二四）になると、円覚寺正続院《しょうぞく》の造営用の材木を伊勢国桑名から鎌倉に回漕せよとの記録が『円覚寺文書』に登場する。年貢米だけではなく材木も伊勢湾から海上輸送によって鎌倉に運ばれるようになり、材木調達の範囲も伊豆国から伊勢湾というように広域化していたのであった。伊勢湾が海上交通で重要な地位を占めるようになったのは、伊勢の大神宮を信仰する人々が熊野系の人々に入れ替わるようになったためでもあった。そこでは、「中世伊勢海を起点とする海運は、次第にその支配に動揺をみせながらも、伊勢神宮が〝神船〟として把握した廻船、伊勢内海を航行した小廻船、おもに関東へ航行した大廻船で構成され、大・小廻船の活動が結合することにより地域の複合的・重層的結びつきが形成されていた」（綿貫一九九四）のであった。

鎌倉時代から室町時代には、知多半島で産出される常滑焼の陶器も、伊勢湾からの主要な船荷であった。常滑焼は一二世紀の前半に成立し、窖窯《あながま》によって高温で陶土を焼き締めるもので堅牢さが特徴である。流通範囲は、東北・北海道から九州までの日本列島の太平洋沿岸をほとんど網羅しており、鎌倉はもちろん、東京都内でも、多摩川沿いの品川区、太田区、府中市、旧入間川水系にあたる武蔵村山市などで、大型の常滑甕《とこなめがめ》が出土している。

主な製品は甕、壺、擂鉢の「三大実用陶器」で、甕や壺は肥料の製造・貯蔵、穀物や酒、水の貯蔵などに使われた。肥甕《こえがめ》は、大型の甕にさまざまな原材料を投入して発酵させて肥料を製造し、それを貯蔵するものであり、耕地の単位面積当たりの生産量を飛躍的に向上させた。収穫した穀物類の品質を保ったまま長期保存するにも甕や壺は必需品となった。

その結果、農業生産の拡大がもたらされ、武士が分家を繰り返しても、それぞれが食べていけるような時代になっていった。室町幕府からの関東管領の独立や、その関東管領自体の分裂、さらに江戸氏一族の細分化などは、その延長上にあった。

## †分裂の時代

鎌倉公方は、室町幕府が東国支配のために鎌倉に設置した役所（鎌倉府）の長官で、その下に関東管領が置かれ、東国の政治・行政を処理していた。ところが永享一〇年（一四三八）、第六代将軍・足利義教と第四代鎌倉公方・足利持氏《もちうじ》の対立がきっかけで永享の乱が勃発した。関東管領・上杉憲実《のりざね》は持氏を諫めるが、身の危険を察知して管領職を辞し、上野国に逃亡した。持氏は憲実討伐の軍勢を出したが、幕府と憲実の連合軍に返り討ちにあって自害、鎌倉府は滅亡した。関東管領職は憲忠《のりただ》・房顕《ふさあき》が継ぐが、関東は大争乱の時代に入った。この底流には、室町幕府からの関東管領勢力の分離志向があった。

その後、文安四年（一四四七）、鎌倉府は復興したが、享徳三年（一四五四）になると享徳の乱が発生した。鎌倉公方になった持氏の遺児・成氏《しげうじ》が第四代関東管領の上杉憲忠を暗殺したため、成氏と上杉氏の合戦に発展したのである。これに対して、幕府が派遣した駿河国守護・今川範忠《のりただ》は、成氏を鎌倉から追い出した。それにより関東管領は分裂して、康正元年（一四五五）、鎌倉を追われた成氏は下総国《しもうさのくに》古河に移って古河公方を名乗り、旧利根川（旧入間川）を挟んで鎌倉側と対峙するようになった。古河は、利根川中流部一帯で東北地方南端の経済圏と重なる地域の中心であり、硫黄や鉄の集散地でもあった。これに対して、鎌倉の上杉氏は太田道真《みちざね》（資清）を岩付（岩槻）、子の道灌を江戸に置いて、古河公方にあたらせた。荒川・古隅田川という大河が両者の境界となったのである。

## 3 太田道灌から家康へ

### †道灌の江戸城

長禄元年（一四五七）、道灌は衰退していた江戸氏を追い払って江戸城を完成させ、文明一八年（一四八六）に主君・扇谷上杉定正の相模糟屋敷で謀殺されるまで活躍した。

道灌の江戸城については、彼の依頼によって、京都五山と鎌倉五山という禅宗の大寺の長老クラスの僧たちが記した詩文が残されており、当時を知る上で貴重な記録になっている。文明八年（一四七六）に書かれた『寄題江戸城静勝軒詩序』と『左金吾源太夫江亭記』、文明一七年（一四八五）の『静勝軒銘詩並序』で、いずれも、江戸城に道灌が作った書斎の静勝軒に掲げるためのものであった。

『寄題江戸城静勝軒詩序』では、①室町幕府の勢力圏は関八州のうち三か国で、道灌の江戸がその心臓部である、②江戸湊ほど海陸が繁栄し、交通が盛んなところは他にない、③江戸城は、高い保塁、深い濠、巨材を用いた橋、鉄で固めた城門など大変堅固である、④城の東の水辺（江戸前島周辺の江戸湊）には大小の商船や漁船が大いに集まり日々市をなしている、⑤そこでは、房州の米、常陸の茶、信濃の銅、越後の竹箭《ちくせん》、相模の旗旌騎卒《きせいきそつ》、泉州の珠犀異香《しゆさいいこう》、鹽魚《しおざかな》・漆枲《しつし》・巵茜《しせい》・筋膠《きんこう》・薬餌《やくじ》など、ないものはない、と述べている。また、『左金吾源太夫江亭記』には、①江戸城の南は、品川湊まで人家が途切れず品川湊は「東武之一都会」で、天妙国寺の七堂伽藍は大変美しい、②北は、浅草の観音堂の「巨殿宝房」が数十里に映えわたっている、と記されている。

　このように、江戸にはヒトやモノが集まり、富が集積していたのであった。このうち、相模の旗旌騎卒は、旗指物を持った騎馬武者と足軽が商取引の対象となっていたこと、いいかえれば、傭兵の市場があったことを示している。それは、戦乱の続く関東はもとより、「倭寇」の要員として「輸出」されていた可能性もある。信濃の銅も輸出品だったとみられる。また、泉州からの移入品の多くは、宝石類・香木・薬・高級漆や麻などで、和泉国ではなく、大陸の泉州（福建省）からの物資とみられる。このように、輸出・輸入双方の物資が揃っていたことが繁栄のカギであった。それは片側貿易よりもはるかに有利であり、輸出入のリンクが成り立っていたからこそ多くの商船が入港したのであった。

『寄題江戸城静勝軒詩序』の九年後、道灌の招きで江戸に滞在した後期五山文学の代表的詩人である漆桶万里《しつとうばんり》（万里《ばんり》集九《しゆうく》）によって書かれた『静勝軒銘詩並序』では、江戸湊の活況を語る記述に代わって、江戸城内の傭兵の訓練の様子が、特に描かれており、訓練を怠けた者が罰金を支払うという銭の浸透ぶりも読みとれる。

### †道灌の実像

道灌は、扇谷上杉家の使用人であった。しかし、京都や鎌倉の有力な経済僧であり、かつ当時の文学界を代表する者たちを招いて、自らを讃える詩文を書かせたり、歌会を催している。それが可能だったのは、道灌の財力のおかげであった。そこには、応仁の乱を避けるだけでなく、鎌倉や江戸の経済力に引き寄せられていた京都の文化人たちの姿があった。

ほぼ同じ時期、品川湊を中心に活躍していた紀州出身の豪商・鈴木道胤《どういん》も、文安元年（一四四四）から長禄三年（一四五九）まで続いた天妙国寺（現在の日蓮宗妙国寺）の七堂伽藍造営のスポンサーとなったほか、連歌「品川千句」を催して、当代一流の文化人を招いている。品川湊は江戸湾の主要な湊であり、明徳三年（一三九二）時点の「品川湊船帳」（金沢文書文庫）は、同年八月までに三〇艘の商船（外航船）が寄港したと記録している。

漆桶万里の『梅花無尽蔵』の長享元年（一四八七）一〇月の記事には、「六、七艘の小舟が、江戸城の城壁を塗るために品川の土を運んでいた」と、品川湊と江戸湊の密接な関係を記しているほか、長享二年（一四八八）四月には「品川湊に停泊中の伊勢から来た商船数艘が、急な大風のため吹き壊されて、数千石の米や荷物が海中に没した」と、品川湊に外航船が多くの荷を運んでいた事実を描いている。綿貫友子によれば、「内海と伊勢海、二つの内湾に展開された海運が太平洋の海運で連絡されており、それらを前提に、一四世紀後期から一五世紀後期にかけて品河に代表される湊津に上級領主ではない中間層が、地域のなかから、あるいは地域に土着し成長していったことが確認できる。彼らは問＝湊津における蔵（土蔵）として金融にも関わり、（中略）領主と在地の間の経済を媒介し、鎌倉府財政（経済支配）も彼らの存在に大きく依存」していた（綿貫一九九四）。「江戸城の築城以前は品川の御殿山におり、江戸前島の領主である円覚寺の傭兵隊長としての役割で〝異動〟した」（鈴木二〇〇〇）とする道灌も、「上級領主ではない中間層」という点では共通点が多い。

そうなると道灌は、円覚寺の傭兵隊長として、取引の場としての荘園の中立性・神威性を守護していた可能性もある。一方、江戸前島の傭兵隊長という立場は、関東管領と古河公方が対峙する最前線の湊を運営するには重要だったほか、ヒト・モノ・カネの集まる江戸湊を管理する立場上、儲かるビジネスだった。しかも、傭兵隊長は単に合戦に勝利するのが目的ではなく、雇主に対しては、自分と部下たちを出来るだけ高く売りつける必要があるある。戦争の〝プロ〟に徹するには、戦闘に伴う損害を最小に抑えるとともに、合戦の場所や季節の調整はもとより、敵方との談合・協調も時には必要であった。

それを物語るのが、先ほどの『関興寺文書』にある「太田道灌あて書状」である。この文書は、古河公方・足利成氏の有力な家来だった小山持政《もちまさ》から敵対していた道灌に宛てたもので、内容は、道灌と持政による「上州における勢力範囲の協定」となっていた。

## ✝北条早雲の登場

しかし道灌は、文明一四年（一四八二）に古河公方と関東管領・山内上杉顕定との和解が成立した四年後の文明一八年、主君・扇谷上杉定正に殺されている。

翌年の長享元年（一四八七）、関東管領・山内上杉顕定が、扇谷上杉氏の討伐を開始し、長享の乱が始まった。分裂が分裂を、乱が乱を呼ぶ時代になっていた。この乱は一八年間も続き、結局は山内・扇谷それぞれの衰退を招き、後北条氏の台頭のきっかけにもなった。

延徳三年（一四九一）、伊勢宗瑞《そうずい》（後の北条早雲）が伊豆国を平定し、明応四年（一四九五）には相模国を征服、永正九年（一五一二）には荒廃した鎌倉に入っている。関東管領の再分裂とともに、後北条氏による鎌倉勢力の駆逐が始まったのである。大永四年（一五二四）になると、早雲の子・氏綱が江戸城を占領し、北条氏は利根川水系の西側を領国化した。その結果、南関東の政治・経済の中心が鎌倉から小田原に移り、鎌倉への中継で栄えた江戸も勢いを失った。ただし、江戸前島の円覚寺領としての扱いには変化はなかった。
天文五年（一五三六）、北条氏は江戸付近の検地を実施し、江戸本城には富永四郎左衛門、二の丸には遠山四郎五郎、香月亭（城内）には道灌の孫の資高《これたか》を配置した。江戸城は家康入府まで、北条氏の支城として扱われ、富永・遠山氏もその時まで城代を務めた。

北条氏は江戸の支配を伊豆の富永氏に任せており、伊豆と江戸湾が一体的な水上交通として運用されている。江戸湾を舞台に水運業者の活躍は続いていた。後年、江戸城の天下普請で用いられた石垣用の石材は、このルートで江戸に運ばれている。

伊勢湾との交易は小田原のほか、品川を含む江戸湾と直結しており、武士たちの争いとは別に、江戸湾各地に進出していた伊勢商人が商売を繰り広げていたのである。武士にも、戦闘とは切り離して物資を調達し、領地の生産物を販売する必要があった。

江戸時代、江戸に多いものとして「伊勢屋稲荷に犬の糞」と表現されたが、家康の入府以前から江戸に進出していた伊勢商人を集住させた結果、第2章で紹介する『落穂集追加』がいう「一町のうち半分は伊勢屋の暖簾」となった可能性があった。一方、『落穂集追加』には、入府当時の江戸は寒村であったと記されており、伊勢商人の活躍とはイメージが異なるのも事実である。しかし、『落穂集追加』が成立した享保期の繁栄している江戸に慣れた感覚からすれば、「寒村」と感じるのは無理もなかったといえるだろう。

## †秀吉が江戸に家康を封じたわけ

小田原攻めが決着した天正一八年(一五九〇)七月、秀吉は駿河・遠江《とおとうみ》・甲斐・信濃・三河の五か国を領していた家康に対して、関東六州への移封と、江戸に入って本拠を置くように命じた。

その理由は、織田信長の継承者だった秀吉、あるいは秀吉の周囲にいた尾張出身の家臣たちが、交通の結節点、広域な経済圏を背後にした冨田荘と江戸前島に関して蓄積していた情報量が、三河出身の家康やその家臣たちよりも、はるかに多かったからであった(鈴木二〇〇〇)。濃尾平野の水運と伊勢湾の海運の組み合わせのなかで生きていた秀吉を頂点とする人々には、関東平野の水運と江戸湾の海運の潜在力は「常識」だった可能性が高い。しかも、家康は大大名とはいえ豊臣氏の一大名の立場であったため、秀吉の命令は絶対的だった。家康の後に駿河国などに移るように命じられた織田信雄《のぶかつ》が不満を漏らしたとたんに、大名の地位を追われたのは有名な話である。しかも家康は、江戸入りから没するまでの間、わずか五年程度しか江戸におらず、あとは京都、伏見など上方や駿府で暮らしていたように、天下取りのために上方に張り付いていたのが実際であった。

これに対して、「恐らくは、水江(漣子)氏の指摘通り、〝家康の江戸への関心を見抜いた秀吉の措置〟によって、秀吉から〝江戸〟という指示がなされ、その炯眼《けいがん》に人々が驚いたというのが最も事実に近いところなのであろう」（岡野一九九二）、つまり、家康の方が江戸の潜在力をよく知っていて目を付けており、それを知った秀吉が家康に江戸入りを命じた、という見解もある。その根拠は、「伊勢湾と江戸湾との海上交通は、当時の航海技術からいって、大きく太平洋上に出ることはなく、東海道諸国の沿岸を経由して行われていたと考えられる。とするならば、三河・遠江・駿河といった東海道諸国を制圧して〝のし上がって〟きた家康が、信長・秀吉に比べて、江戸湾との水運に無知であったというのは、いささか不自然ではなかろうか」などとなっている（岡野一九九二）。

もちろん、駿河、三河を本拠地とした家康が、船舶の寄港地についての情報を持っていた可能性はある。しかし、海上交通の目的地ないしは起点としての江戸湊や冨田荘が持っていた取引の場＝市場や、大きな経済圏の重なる場所における各種の経済活動といった諸機能に関する情報については、豊臣・織田氏よりも圧倒的に少なかったはずである。

しかも、円覚寺領・尾張国冨田荘は一四世紀後半には守護土岐氏配下の勢力によって押《おう》領《りょう》を受けており、『円覚寺文書』にも貞治四年（一三六五）、尾張国守護・土岐頼世に対して円覚寺領冨田荘内の北馬嶋の押領を止めるように室町幕府が命じた記録がある。応永三一年（一四二四）に円覚寺向けの材木を桑名から鎌倉に回漕する旨の記録を紹介したが、その前年、尾張国守護代の織田出雲入道常竹が「洪水で美濃から漂流してきた円覚寺正続院造営用の材木を、同寺の材木奉行に引き渡せ」と長良川などの沿岸の者たちに命じている。織田氏は円覚寺の荘園経営とそれに伴う鎌倉向けの水運に深く関与していた。

織田信長はこの常竹の系譜につながるとされているが、いずれも海陸の物流の起終点であり、背後に大きな経済圏を控えた冨田荘と江戸前島という二つの市場の情報や、その運営ノウハウは、濃尾平野一帯の武士や商人たちに蓄積されていたとみられる。それに加えて、その情報の蓄積は、円覚寺領の押領という新興武士らしい行為を交えることによって、さらに厚みを増していたはずであった。秀吉と家康の情報格差は大きかった。

したがって、東海道諸国の寄港地についての情報を家康が持っていた可能性を根拠にして、江戸の潜在価値を家康が評価していた、ということにはならないのである。

このように、江戸の潜在力を認識していた秀吉が、家康に江戸入りを命じたわけだが、別の理由も想定できる。東北地方の有力大名で、恭順の意を示すために小田原の陣に参じたとはいえ、危険な存在であった伊達政宗への対策として、秀吉が家康を江戸に置いた可能性である。東北と関東以西の経済圏が重なる江戸を押さえれば、水運をはじめ経済の諸機能への支配が確実になり、いざとなれば、政宗を経済封鎖できるからであった。

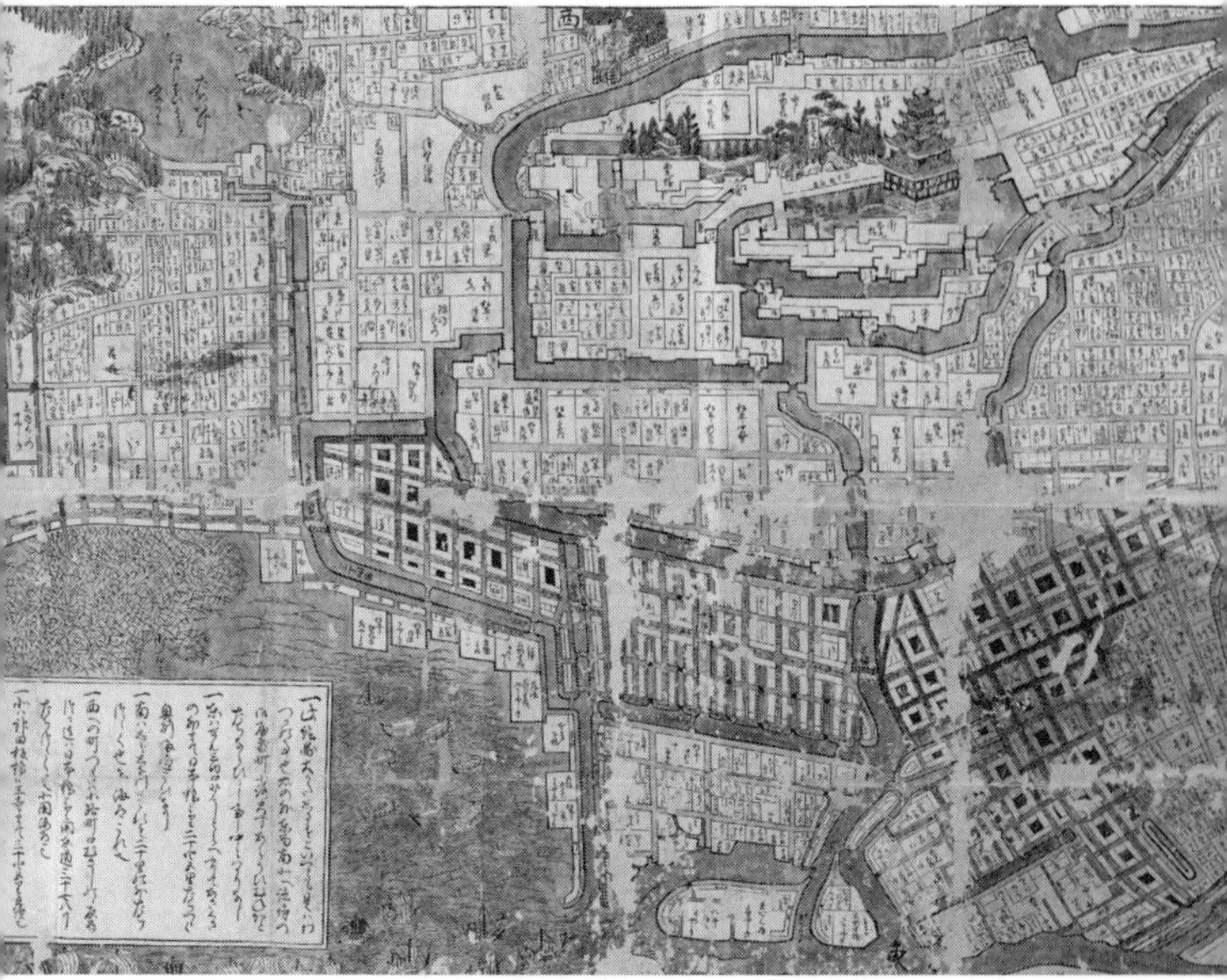

第２章

# 百万都市への道——自然地形を活かした防衛都市

第4次天下普請が終わった寛永9年（1632）当時の江戸全図。日比谷入江は完全に埋め立てられ、江戸前島の痕跡はない。5層の天守のほか八丁堀舟入りもみえる。「武州豊嶋郡江戸庄図」（国立国会図書館デジタルコレクション）

## 1　家康入府直後の江戸

### †徳川氏の江戸の特徴

この章では、徳川家康が江戸に入府してから、江戸の姿が定まるまでの約七〇年間について、城や城下町が造られていく様子を描いていく。

江戸の城郭築造や城下町の割り付けでは、自然地形を十二分に活かしていたのが特徴であった。とりわけ平地が少なかったため、城下町建設では低地の開発や海面の埋立が前提になっていただけではなく、確実な排水処理がなされるように市街が形成されている。それゆえ、家康入府以後の江戸は、日本人がはじめて都市基盤を沖積地に置き、組織的に海面を埋め立てて海上に進出した場所になった（鈴木二〇〇〇）。

同時に、戦国時代から江戸幕府の確立期の軍事的緊張を反映して、安全保障に配慮した市街の形成がなされたことも特徴である。ここでいう安全保障には、塩や飲料水といった戦略物資の確保とともに、軍事・防衛に直結する増上寺や寛永寺などの建立や、外航船からの艦砲射撃を防止するための水路づくりといったハード面が含まれる。また、第4章で述べるように、大名統制といった統治システムの整備や統一通貨の発行などは、徳川政権を盤石化するソフト面の安全保障であり、それぞれが相互に影響しあっていた。

しかも、徳川の政治的立場の変化と城や市街の形成プロセスがリンクしており、徳川のコストを最小限に抑える一方、諸大名には多大な負担を課していた点もその特徴である。

このような特色を持った江戸の成り立ちを見ていく上では、自然地形を等高線を用いて立体的にとらえることが有益である。その作業によって、徳川氏を取り巻く政治的・社会的な環境条件の時系列的な変化とともに、その本拠地となった江戸の地理的条件が刻々と変わり、それが城郭築造や市街地整備、防御拠点の展開に反映された様子を把握できる。三次元空間に時間軸を加えた四次元の視点から見ると、江戸の城と都市の形成には、地理的条件と政治的環境が大きな影響を及ぼしていたことが改めて確認できるわけである。

### †自然地形

東海地方五か国の大名であった家康は天正一八年（一五九〇）、小田原の北条氏を降した直後の豊臣秀吉から、江戸に入って関東六か国を治めるよう命じられた。天下統一を目前にした秀吉にとって、家康を江戸に置くことは、関東を治め、東北に睨みを利かす上で重要であった。江戸は大河である旧利根川の河口部に立地し、関東平野やその後背地、さらには東北地方南端の経済圏が重なる場所だったからである。

ところが、家康入府直後の江戸は、関東を治める太守の居城としては貧弱であるだけでなく、大規模な城と城下町を築造するには条件の悪い場所であった。その様子は、当時の江戸を物語る代表的な史料である大道寺友山（重祐《しげすけ》）の『岩淵夜話別集』や『落穂集追加』に描かれている。『岩淵夜話別集』では、城の東側（海側）の平地はどこも潮の満ち干によって海水が入り込み、葭《あし》が生い茂るような湿地であり、西南の方は、萱《かや》原がそのまま武蔵野に続くような荒涼とした原野だったと記している（図表2-1）。

つまり当時の江戸城は、武蔵野台地の外縁部とはいえ、汐入りの低湿地に囲まれた場所だった。しかも背後には武蔵野台地が迫るとともに、樹状に枝分かれした谷が台地の奥まで入り込み、海岸と台地の境界一帯は起伏に富んだ複雑な地形となっていた。

同じく沖積地の上に築かれた大坂城や名古屋城に比べると、城下町の建設が可能な天然の平地が少なかったわけである。そうした地理的条件の江戸で、大坂クラスの城と市街地をつくるには、海面の埋め立てによって市街地用地を確保するほか方法はなかった。

江戸は飲料水の確保が難しい場所でもあった。低湿地に臨んでいたため、汐気の入らない水が得にくかった。この時期の家康は多くの家臣を武蔵野台地上に住まわせている。それは、武蔵野台地に直結していた城の西方を旗本で固める必要があったことと、台地上で

図表2-1　家康入府当時の江戸

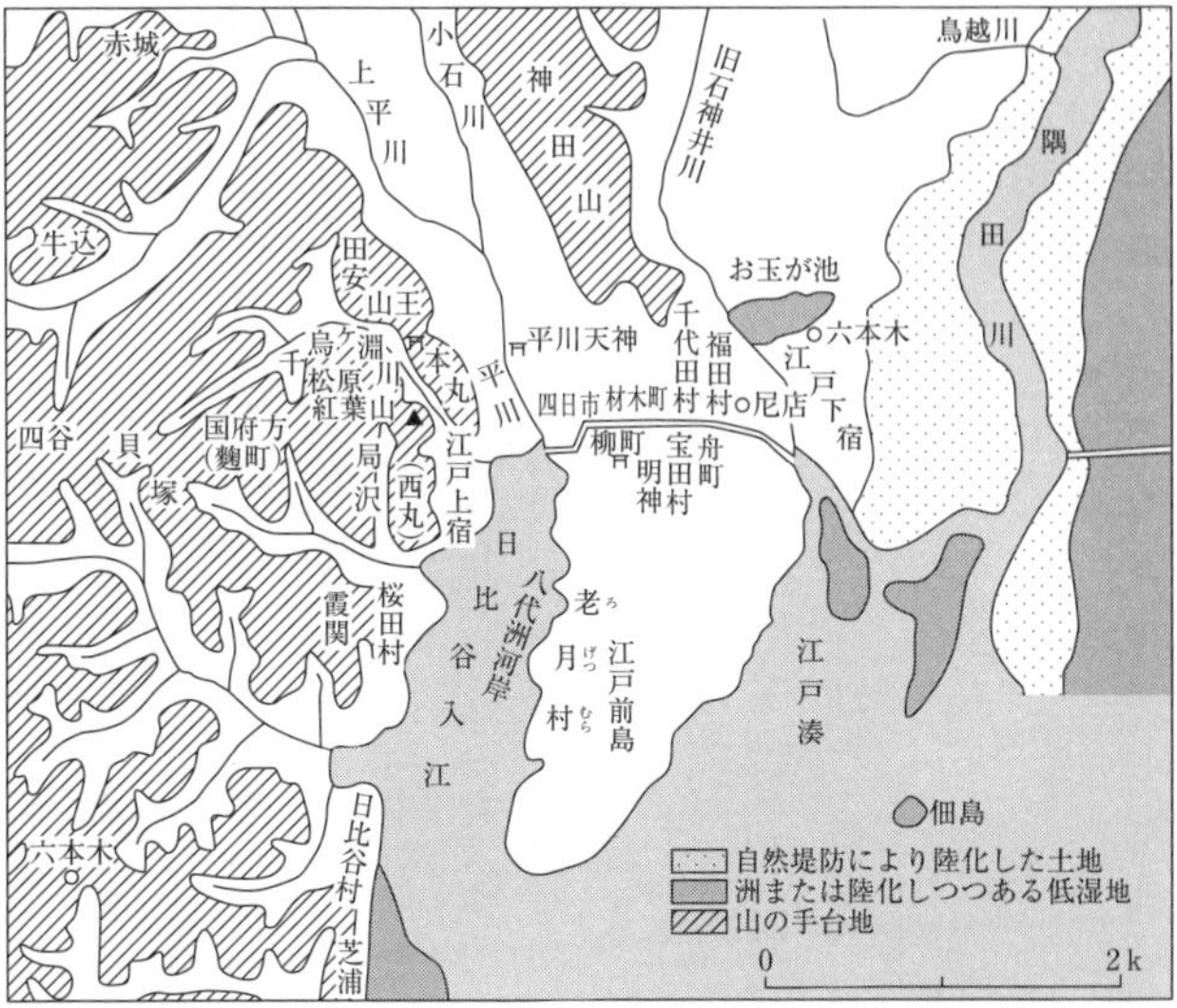


出所：鈴木理生（2000）

は汐気の入らない良質な井戸水が得られたからでもあった。ただし、井戸を水源にしても、大量の飲料水の確保には限界があった。

『岩淵夜話別集』では、普請を命じた旗本たちには宅地造成の手間を省くようにと、城の北西方の武蔵野台地上に屋敷地を与え、台地を切り崩した土砂で谷を埋めたので、造成の負担は少なくて済んだとしている。しかし、武蔵野台地に続くという城の弱点を直轄の旗本で固める意図や、そこが井戸を掘れば良質な飲料水が得られる場所であったという戦略的に重要な事項については、意識的かどうかは別にして触れられていない。低地（川筋）については、土手（堤防）を築いて葭原を干上がらせ、各所に水抜きを兼ねた舟入り堀を開削して、その土砂で地面の嵩を上げて町屋を割り付けたと記している。それは当時の埋立地造成の手法の一つであり、それ以降、段階的に諸大名に屋敷地を与えたとも述べている。

一方、『落穂集追加』が描く「関東御入国之節」の西丸は、田畑が点在する野山で、春には桃、桜、ツツジなどが咲いて、江戸中から人々が遊山に訪れるような長閑《のどか》な場所だった。また、長雨と南からの強風で発生した高潮で八重洲河岸の猟師町《りようしまち》が浸水したものの、猟師（漁師）たちは家財道具を舟に積んで避難したこともある。しかし、被災者である猟師たちの対応が手慣れている雰囲気が漂っており、浸水は低湿地に住む人々の日常生活の一部であるかのようである。一方、標高の高い西丸《にしのまる》に堀を開削したため大量の土砂が発生して、猟師町付近の葭原は埋立地のようになり、猟師町は間もなくひと続きの町屋になったとあり、『岩淵夜話別集』と同様、江戸の町が埋立によって出来上がっていく様子が描かれている。

### †平川付替と沿海運河

江戸城の築造と江戸市街の拡張は約七〇年間にわたるが、家康の江戸入りから幕府が開かれるまで〔天正一八年(一五九〇)~慶長八年(一六〇三)〕と、それ以降〔慶長八年~万治三年(一六六〇)〕とでは性格が大きく異なる。

前者は徳川が豊臣の有力大名だった時期のもので、家臣団=徳川軍の維持に不可欠な水と塩の確保、南・西方からの攻撃を想定した迎撃拠点の整備などの必要最小限のものを徳川が自ら直営工事として行ったのが特徴であった。江戸城の普請や市街地の整備についての家康の方針も消極的で、立派な城を築造しようという家臣の進言も退けている。

当時、家康の最大の関心事は、豊臣政権との関係や天下取りであった。本人も伏見や大坂などの上方に滞在する期間が長く、自分の軍勢の充実のほか、諸大名への政治工作などを優先させて、「その時」に備えていたのであった。それに対して、関ヶ原の戦勝を経て征夷大将軍となり、天下人として振る舞うようになった慶長八年以降のものは、ほとんどが諸大名に負担させた天下普請によって大規模に行われている。

徳川直営の工事は、天正一八年の平川付替と道三堀《どうさんぼり》の開削工事(図表2-2)、製塩地の行徳までの沿海運河の確定、飲料水の水源確保のための工事などであった。それらの工事は、三河・駿河から移ってきた三〇万人の大軍団の常駐を可能にするための条件で、江戸の安全保障に必要不可欠な〝戦略的インフラ〟であった。

平川の付替工事は、日比谷入江に注ぐ平川の河口を江戸前島の東側のつけ根部分に移すもので、後の日比谷入江の埋立の準備でもあった。道三堀の開削工事は、半島状の江戸前島のつけ根を横断する工事で、両者はセットになっていた。それらによって、日比谷入江に流入する流れは江戸前島の東側に誘導され、日比谷入江に流れ込む河川水は減少した。

この江戸前島とは、本郷台地の東端部が波蝕によって平らに削り残された波蝕台地（微高地）で、江戸湾に突き出た半島状の土地だった。

江戸湾を横断する小名木川・新川の沿海運河の場合、小名木川は入間川（現・荒川）河口から古利根川（現・中川）河口まで、新川は古利根川河口から利根川（現・江戸川）河口までの海岸線に沿ったルートである。この工事では、波打ち際の内側に水路を開削（固定）し、海側に小規模な埋め立てなどを行って海岸線を確定させた。小型帆船や手漕ぎ舟でも、潮流が複雑な大河の河口部を安全に航行できるようにしたのである。

この沿海運河と道三堀の完成で、当時の製塩地だった行徳と江戸城は水運で直結した。武田信玄と上杉謙信の有名な話のとおり塩は生活必需品であるのと同時に、江戸入りした徳川氏には欠かせない戦略物資だった。それが、最優先でこれらの運河を建設した理由である。

こうした水運関連施設の整備は、その後の江戸で決定的な役割をはたす。海運と河川水運は当時唯一の大量輸送機関であったからである。城郭建築に必要な資材の運搬はもとよ

図表２－２　家康入府直後の工事と増上寺

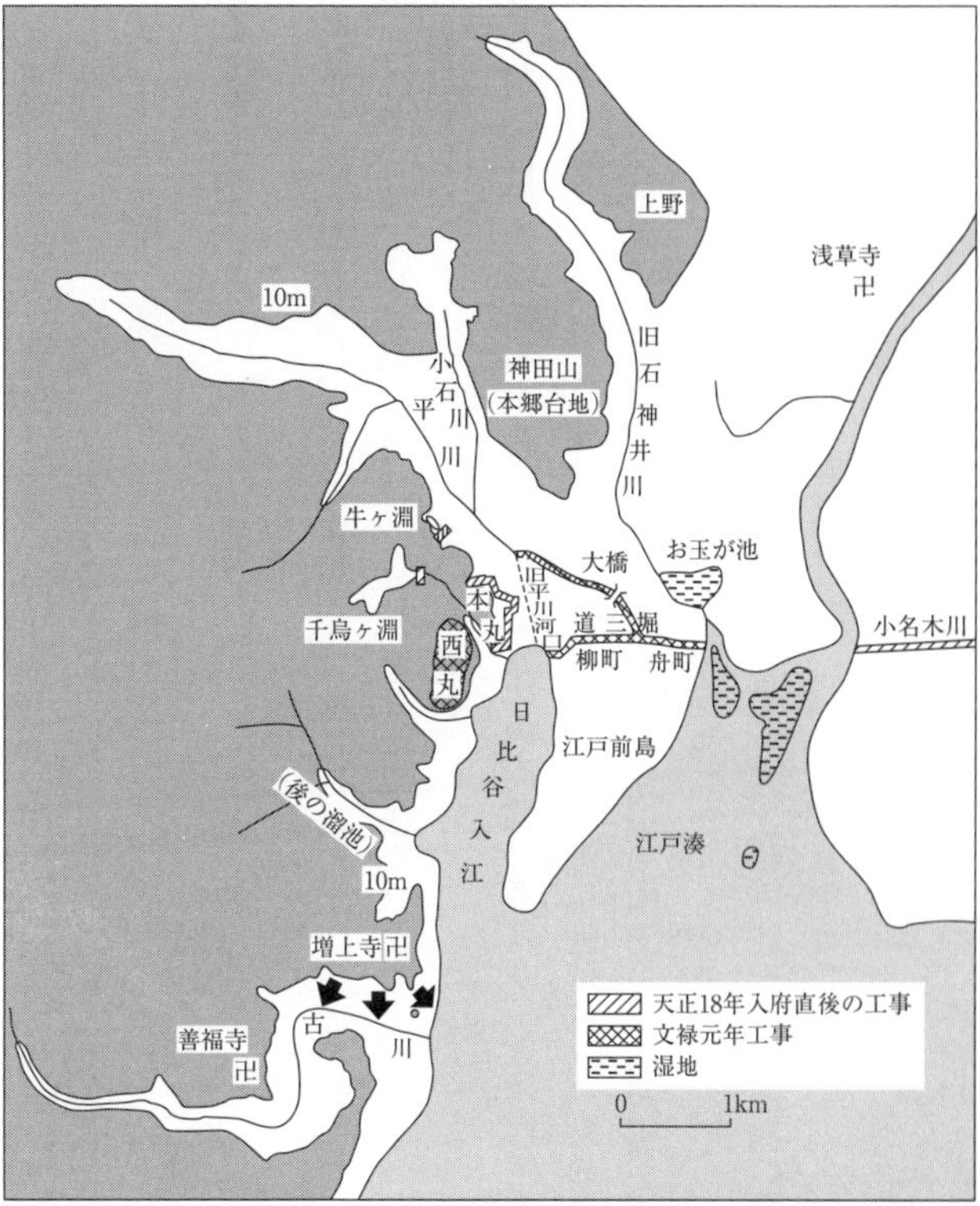


出所：５万分の１地形図（国土地理院、大日本帝国陸地測量部）および鈴木理生（2000）より作成

り、発展著しい江戸に全国から物資を供給するためにも不可欠であった。中世以来の水運の要衝である江戸を再編して発展させたことが、江戸に徳川氏が本拠を構えて約二六〇年間にわたって政権を維持できた背景にあった。

## †家康が横領した江戸前島

このように入府直後に、家康が真先に手を付けたのが江戸前島だった。そこは平地の少ない江戸で、城下町を割り付ける条件に恵まれた限られた場所でもあった。ところが当時の江戸前島は、鎌倉の円覚寺の領地であった。

江戸前島は、現在の中央通り（銀座通り）の両側にあたり、大手町・丸の内・有楽町・内幸町・日本橋・宝町・銀座を結ぶ線と一致する。沖積地ではないため良い地盤に恵まれており、明治・大正時代になると、丸の内の煉瓦街や山手線の高架線が建設されている。それらは当時の技術では軟弱地盤への建設が難しかったのであった。わが国最初の地下鉄である銀座線も、江戸前島の中心線にそって敷設されているが、多数の乗客を見込めたこととならんで、そこが堅い地盤であったことも背景となっていた。

一方、江戸前島の西側には日比谷入江（現在の皇居外苑・日比谷公園・内幸町・新橋などに至る平川の河口部）があり、入江の最北部に平川（現在の日本橋川と神田川の原形の川）が注いでいた。太田道灌や小田原北条氏以来の江戸城は、入江西側の武蔵野台地の岸に続く部分にあった。とくにその一部が武蔵野台地に接する江戸前島は天然の良港として、水運の拠点であった江戸湊の中でも心臓部であった。

この江戸前島が円覚寺領になった時期や経過は不明だが、以下、『円覚寺文書』によれば、少なくとも正和四年（一三一五）には円覚寺に属していた。その後、家康の江戸入府と前後して、天正一八年七月に円覚寺に対する軍事行動を禁ずる命令、八月には江戸前島を含む円覚寺領の安堵（承認）が、いずれも秀吉の朱印状として発せられている。この時、秀吉の奉行・山中長俊から家康の部下の伊那忠次に対して「鎌倉の鶴岡八幡宮、東慶寺、建長寺と円覚寺には所領安堵の朱印状が発せられた」「それらの知行は秀吉の意思に従ってそのまま寺社に渡せ」と文書で徹底している。そこには、「関東六か国の大名には任じるが、鎌倉の寺社への支配権は渡さない」という秀吉の意図が表れている。江戸前島に限れば「家康は江戸城には入れるが、水運＝商売への支配は別だ」ということになる。

しかし、入府翌年の天正一九年（一五九一）四月になると、家康の奉行・彦坂元正から「各地に散在する円覚寺領を鎌倉近辺に寄せ集めて、まとめて円覚寺に寄進する」、つまり替地の方針が示され、一一月には正式なものになっている。そこには江戸前島が替地の対象であったかどうかの記述はないが、各地の円覚寺領と一まとめにする形で、円覚寺の意思とは無関係に江戸前島を徳川の支配下に組み入れたのであった。それ以後、秀吉、家康、円覚寺のいずれの記録にも、その帰属に関する史料は見当たらなくなる。

つまり、天正一九年には、家康側は江戸前島の掘削工事に乗り出しており、円覚寺領という当時の法的性格をなし崩し的に空洞化させて、すでに支配下に置いていたのである。

後述のように、徳川氏による江戸の開発行為は江戸前島の改造から始まっているだけでなく、それがその後の江戸市街の骨格になった。ところが、家康の都合によって円覚寺領を支配下に置く行為は、平安期に確立された荘園制度が鎌倉・室町期を経て武士の簒奪にさらされ戦国大名によって息の根を止められた一例にすぎなかったが、徳川幕府の基本原則である儒教に基づく法治主義に反する〝違法行為〟であった。

将軍のお膝元の江戸と江戸城が不法行為の上に成り立つという実態は、その後の幕府にとっても「不都合な事実」であり続けた。しかし、以後の幕府はその実態を承知の上で継続したわけである。そのため、「地誌の時代」といわれる江戸時代にあっても、江戸前島への言及はほとんどみられないのが特徴である（鈴木二〇〇〇）。

## †飲料水の確保

前にも述べたように、江戸は飲料水が得にくい場所だったので、麾下《きか》の軍団への給水を確保することは喫緊の課題であった。家康は、家臣の大久保主水《もんと》に水源の見立てを命じ、自然河川である小石川を利用した水道が作られた。これが後の神田上水に発展する。

さらに文禄元年（一五九二）頃から、武蔵野台地に刻まれ、日比谷入江に流入していた千鳥ヶ淵川の谷を堰き止めて牛ヶ淵、千鳥ヶ淵の貯水池を整備した。この「淵」という言葉はダム湖を意味していた。それらの工事では、湧水の活用や、谷の利用といった自然地形を活かして工事が行われた。それらは短期間かつ最低限のコストによって水を確保する手段として合理的であった。つまり、家康の江戸建設では、当初から自然地形に逆らわずにそれを活用するスタイルが取られていたのである。

寛政三年（一七九一）普請奉行の石野遠江守広通《ひろみち》は全十巻彩色図入りの『上水記』を三部完成させ、一部は将軍家斉《いえなり》に献上、一部は老中・松平定信《さだのぶ》に進達、一部は江戸の上水を所管する普請請負方上水役所の常備用とした。当時の普請奉行は江戸の上水を維持管理する責任者で、『上水記』には神田上水や玉川上水、江戸市中の樋線《ひせん》（配水管網）などの施設の一覧とともに、江戸の上水の起源や歴史などが記されている。そこには、「江戸のような水の得にくい場所に水道を敷設して人々が利用できるのは〝上水の徳〟であり、水道に携わる者は常に自覚して仕事にあたるべき」「上水は将軍の御仁政の賜物」などとある。『上水記』のとおり、江戸は水資源の確保が常に課題となる場所であり、江戸内部で賄えない状態を解決するために神田上水や玉川上水が整備された。水源を江戸の遠方に求める構造は、利根川上流が主な水源地となっている現在の東京水道にもつながっている。

## 2　防衛の発想

### †軍事拠点としての増上寺

戦略物資の確保とともに、江戸の防衛拠点も整備された。文禄元年（一五九二）の西丸工事（現・皇居宮殿の場所）とともに、江戸城の南側の防備を固めるため、慶長三年（一五九八）、増上寺を現在地に移転させたのである。増上寺は明徳四年（一三九三）に浄土宗第八祖の聖聡《しょうそう》が武蔵国豊島郡貝塚（現・千代田区平河町付近の「貝塚」にあった）に開いたもので、戦国時代までは浄土宗の東国の拠点となっていた。家康の江戸入り直後に徳川家の菩提寺となり、一時、日比谷に移転していたこともあった。

寺院は、普段は宗教施設だが、戦時にはたちまち城塞に転用できる。広大な境内は大軍勢の駐屯スペースとして適している。瓦葺の屋根を持った堂塔は、草葺や板葺の屋根が主流だった時代としては最高の防火機能を持った建築物であったはずである。長い塀も城壁として機能した。しかも平時には、軍需物資の備蓄庫としても運用できた。

家康の入府以降、江戸の防衛のために市街の外縁部に戦略的に整備された大寺院の配置にも、地形的・地理的な条件が反映されていた。増上寺のほか慶長八年（一六〇三）に開かれた伝通院、元和八年（一六二二）以降に建立された寛永寺は、いずれも敵の迎撃に有利な台地の上に配置されている。

そこで、増上寺の戦略的な価値を浮かび上がらせるために、国土地理院の基盤地図情報五メートルメッシュ（標高）のデータも参考にして、直近の国土地理院の五万分の一地形図から等高線（一〇メートル）を抽出した（図表2-2）。家康の江戸入り以降、江戸・東京の地形は大きく変わっているように見えるが、日比谷入江の埋立や御茶ノ水の掘割、臨海部の埋立地などを除くと、おおよその原地形は意外なほど残されているからである。ただし、海岸線や河川などは関東大震災や戦災復興、高度経済成長期以降の臨海部開発などによって激変しているので、大日本帝国陸地測量部発行の五万分の一地形図によって補正した。

改めて増上寺の立地条件をみると、江戸城本丸の南三、四キロメートル（約一里）、古川（上流部は渋谷川）に臨む台地上に位置している。古川は現在のJR渋谷駅や広尾、港区赤羽橋、JR浜松町駅の南側を通って東京湾に注いでいる。このルートは深い谷筋となっており、そこからは、東京タワーの建つ旧増上寺の範囲が大きな丘のように見える。

つまり、慶長三年の移転後の増上寺は、小田原道（その後の東海道）を北上してきた敵軍が、江戸城総攻撃の前に敵前渡河を敢行する場所を俯瞰する地理的位置にある。逆に、この場所を敵方に占領されれば、江戸城までに地形的に遮るものがほとんどない。したがって増上寺は江戸城の防衛上、南方の最も重要な拠点になったのであった。

クラウゼヴィッツ（一七八〇〜一八三一）の『戦争論』では「制高」が論じられる。それによれば、「およそ下方から上方へ向かって物理力を費やすことは、反対の場合よりも困難であり、このことは戦闘においても同様である。（中略）第一に、高処は接近を妨げる障害と見なされざるを得ないからである。第二は、上方から下方へ向かって射撃する場合には（中略）、命中率はいっそう良好だからである。第三に、高処は展望が利くという有利を具えているからである」「高処にある軍が、攻撃においてもまた防御においても優位を占めることは否定できない」と、「制高」を論じた第一八章で述べている。

相手よりも高いところから攻撃を仕掛ける、下方からの攻撃を防御するのが、逆よりも有利であることは常識でもあるが、移転後の増上寺の地理的条件は古典的になったクラウゼヴィッツの「制高」に一致した場所となっている。

家康は、慶長三年の時点では豊臣方に対して最大級の緊張と警戒を払っていた。菩提寺の建立を口実にする形で、土地の有する物理的・地理的な特性を十二分に踏まえながら、一朝有事の際には直ちに防御拠点になる増上寺を整備したといえる。

慶長五年（一六〇〇）九月に関ヶ原の合戦に勝利した直後から、家康は事実上の天下人として行動し始めた。しかし、大坂には豊臣秀頼と淀君がいて緊張が続いていたため、関東のほか全国を視野に入れた戦略的・総合的な備えに積極的であった。慶長六年一月、東海道に伝馬制度を制定するとともに、二月には譜代家臣を関東・東海の大名に配置して、大坂の豊臣方を視野に入れた体制を敷いている。

そのため、この時期は、江戸城や江戸市街にはあまり手は入れられていないが、伝通院の建立は例外であった。慶長七年（一六〇二）八月に家康の生母・於大《おだい》の方が死去すると、翌年、家康は伝通院を建立させて遺骨を埋葬した。伝通院の起こりは、応永二二年（一四一五）浄土宗第七祖の聖冏《しょうげい》が、増上寺を開山した弟子の聖聡に請われて小石川極楽水（現・小石川四丁目、現・東京大学植物園の南側）に草庵（無量山寿経寺）を開いたものとされる。家康は、この寿経寺を現在地（文京区小石川三丁目）に移転させて伝通院を建立し、堂宇《どうう》は慶長一三年（一六〇八）に竣工した。

この場所は、中山道が通る本郷台地の本体部分から小石川の谷筋によって分離された台地で、江戸城の北側を防衛するには格好の位置にある（図表2-3）。極楽水という小石川

図表２-３　第一次天下普請と伝通院

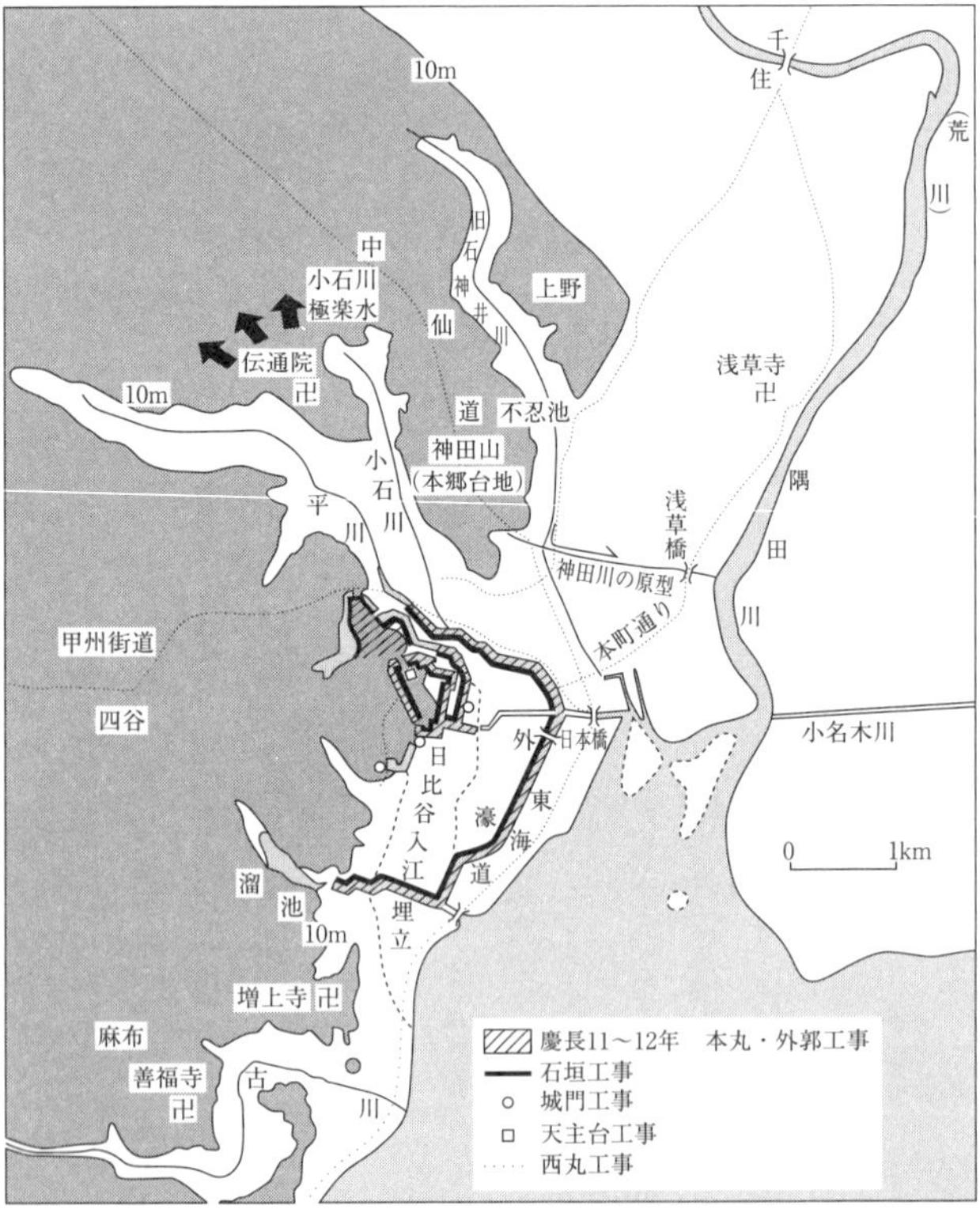


出所：５万分の１地形図（国土地理院、大日本帝国陸地測量部）および鈴木理生（2000）より作成

沿いの低地から、高台に移転させた本意はそこにあろう。そこが敵方に落ちると、小石川と平川が合流する低地をはさんで本丸が敵の攻撃にさらされる危険があったからである。

生母を葬る場所に大寺院を建立することの理由には、軍事施設を宗教施設と言い換える巧妙な政治手法だった可能性もある。

## †甲州方面や関東への備え

矢継ぎ早になされたハード面の防衛対策と並行して、天正一八年（一五九〇）の江戸入りに際しては、腹心の部下で代官頭であった大久保長安の下に、旧武田家の遺臣などから構成される部隊を作り、甲斐国との国境警備、江戸防衛の任にあたらせている。これが後の八王子千人同心にあたる。秀吉の小田原攻め以降、甲斐国は、豊臣方の羽柴秀勝、加藤光泰、浅野長政・幸長が家康に代わって領有しており、甲府城の築造と城下町の整備は浅野父子によってほぼ完成していた。ということは、浅野氏のような戦国大名の戦闘力に対して、徳川の同心クラスの戦闘力で対抗できた、ということを意味する。ここでは指摘のみに止めるが、「新しい封建武力」は強力だったと考えなければならない。

また同じ頃、江戸と八王子の中間にあり、律令制の時代から役所群が置かれていた府中には御殿を設けている。秀吉は、天正一八年七月二八日付で「岩槻（埼玉県）と小田原の間に、自分のための御座所を作れ」と家康に命じており、当時の家康がこの御殿を自発的に築造したかどうかは検討の余地があるが、平成二〇年度（二〇〇八年度）から実施された府中御殿地（JR南武線府中本町駅に隣接）の発掘調査で、井戸跡から三葉葵紋の瓦が出土し、徳川方で築造した御殿が存在したことがほぼ確実になっている（馬場二〇一二）。

そこは多摩川の河岸段丘上で眺望が抜群であり、多摩川を渡河してくる敵を迎え討つには格好の場所であったほか、府中は古来から東山道や鎌倉道が輻輳する要衝でもあった。家康も東海道経由ではなく府中から甲州街道を経由して江戸入りしており、家康にとっても府中の戦略的価値は高かった。その後、家康は「鷹狩り」と称する軍事演習や民情視察の際に府中御殿を利用しており、秀忠、家光にも引き継がれている。

一方、慶長五年（一六〇〇）の関ヶ原の合戦後、家康は筑波氏を追放して、筑波山を支配下に置き、以後、筑波山神社（知足院）は徳川将軍家の厚い保護を受けている。

家康が筑波山に着目したのは、筑波山は関東平野北部の独立峰で、江戸を本拠に東北地方と対峙する上での戦略的な価値が大きかったからである。反対に、筑波山を南進する敵方に押さえられると、江戸が受ける軍事的圧力が増大するのは間違いなかった。

その後も、東北地方を視野に入れた防衛体制は強化され続けた。慶長七年（一六〇二）七月には、佐竹義宣を水戸から秋田に二〇万石に減封したうえで移封させ、慶長八年一一月になると第一〇子頼宣に水戸二〇万石を与えている。佐竹氏は秀吉の小田原攻めに参陣し、常陸五四万五八〇〇石の大名として処遇されたが、関ヶ原の合戦では旗幟を鮮明にせず大兵力は温存されており、家康にとっては非常に危険な存在であったからである。

同時に、豊臣氏や朝廷への対策にも余念がなかった。慶長六年には関ヶ原の合戦に先立つ戦闘で落城した伏見城の再建、二条城の造営費を畿内諸大名に課すなど、いずれも天下普請の手法によって行われた。二条城は朝廷や公家、伏見城は大坂城の豊臣氏に対する徳川氏の拠点であり、そうした場所の普請を征夷大将軍には就任していない時期の家康が、諸大名に命じている点は、何よりも「徳川の天下になった」ことを象徴していた。

なお、家康が征夷大将軍に就任する直前の慶長八年(一六〇三)一月、浅野氏を転封させた後の甲斐二五万石を第九子義直に与え、江戸の西方の安全を確保している。

## 3 江戸の天下普請

### †第一次天下普請

慶長八年二月、家康は征夷大将軍に就任し、江戸に幕府を開いた。翌慶長九年、東海・

東山・北陸の諸街道を修理し、一里塚を築いている。交通と行軍のためのインフラを重視した結果であった。二年後の慶長一〇年四月には秀忠が征夷大将軍になり、将軍は徳川氏の世襲であることが天下に示されたが、家康は大御所として実権を握り続けた。それにより、将軍が配下の大名に対して天下普請を命じられる体制がいよいよ強化された。

天下普請とは、城郭や都市、寺社の築造、治水などの土木・建築工事を天下人が支配下の大名に命じたもので、織田信長や秀吉の時代から見られるようになった。一方、軍役《ぐんやく》では、大名は天下人の命令により、石高に応じた基準以上の兵員、武器・弾薬をそろえて指定された場所に出陣する義務を負っていた。天下普請は軍役と同じ扱いとされ、必要な資金・資財・人員の一切を大名の石高に応じて供出させて工事・役務を行わせるものだった。大名側からは御手伝普請とも言い、工事の仕上がりや工期を守れるかどうかは、軍役の務め具合と同様、その大名家の運命を左右したため、命じられた側も、その存亡をかけた。

家康が征夷大将軍になった翌年の慶長九年（一六〇四）六月、江戸城の大増築計画が全大名に発せられた。それが江戸城の第一次天下普請の布告である。八月にはその準備のため、石垣用の石材の運搬に使う石船三〇〇〇艘の建造と石材の輸送を、島津忠恒（鹿児島）、浅野幸長（和歌山）、黒田長政（福岡）などの西国大名三一家に命じた。石船は、伊豆東海岸で産出する石材を江戸湊まで運搬するもので、後の菱垣廻船の原型になった。

慶長一一年（一六〇六）三月、第一次天下普請の本体工事として、江戸城本丸とその外郭工事が西国大名を中心とする三四家に、慶長一二年には江戸城の天守閣工事が東北大名一〇家に対して命じられた。その結果、本丸、二丸、三丸（いずれも現・皇居東御苑）、西丸・吹上（現・皇居とその周辺）、北丸（現・北の丸公園）の範囲で普請が行われた（図表2-3）。

この第一次天下普請は、慶長一一年九月に将軍秀忠が本丸に入居して（天守閣は施工中）区切りがついたが、城の整備と一体化した形で日比谷入江が埋め立てられて、入江に代わって外濠（現在の外濠通りの場所）が江戸前島の尾根筋に平行に掘られた。

日比谷入江の埋立は、城下町建設のための広大な用地を生み出した。後年、大名小路と呼ばれる現在の霞が関や桜田、日比谷公園の一帯はこの時に造成されたもので、現在もその名残で、帝国ホテルから日比谷公園の近辺は窪地になっている。

ただし、城の工事資材の輸送と流入河川の排水のため、入江を埋め残す形で水路も造られており、その痕跡は今も残っている。日比谷通り沿いに北から和田倉濠、馬場先濠、日比谷濠を経て日比谷交差点に至る濠、日比谷交差点でほぼ直角に凱旋濠を経て桜田門に至る濠のいずれの岸も直線となっているが、この直線は、埋立時に江戸前島の西側の海岸線を整形したものであり、濠の水面は日比谷入江の埋め残しの部分である。

『落穂集追加』でも「大名小路辺の義ハ葭原にて候得共御堀よりの揚土を引取地形をも早速出来候由」と造成の経過が述べられている。この埋立では、まだ水面下であったり葭原などの低湿地であった場所を屋敷地として外様大名に割り当て、自ら居住する宅地を造成させたのであった。

## †メインストリートの屈曲は下水処理のため

ところで、前述の玉川上水は、承応三年（一六五四）に完成した。羽村（現・東京都羽村市）から大木戸（現・新宿区四谷四丁目）までの四三キロメートル・標高差九二メートルを武蔵野台地上の複雑な尾根筋に沿って縫うように開削した、平均勾配二パーミル（一〇〇〇メートル進むと二メートル下がる）という精緻な設計・施工による素《す》掘《ぼり》の導水路である。こうした高度な土木技術は、武田信玄の治水工事や、秀吉の備中高松城の水攻めに見られるように戦国時代を通じて発達した。水を制する者が国を制したわけである。

このような土木技術は全国の城郭、水運網の整備や江戸の市街地の形成でも発揮された。当時の上下水道はすべて自然流下方式だったため、江戸のように、埋立地が多く、土地の高低差の少ない場所では、飲料水が確保できたとしても、その排水を円滑に処理できなければ、造成地は水浸しになる恐れがあった。そのため、江戸の市街地形成、とりわけ城の東側の下町では、排水処理が最も優先された形となっている。

東京のメインストリートは現在の中央通りだが、これは江戸時代も「通《とお》り町筋《ちょう》」と呼ばれる江戸最大の幹線道路で、第一次天下普請の際に確定した。通り町筋は万世橋―日本橋、日本橋―京橋、京橋―新橋はそれぞれ直線だが、日本橋と京橋の二点で曲がっており、その角度には法則性は見られない。この屈曲の理由は物理的なもので、地形に応じた排水処理を可能にするためだった（鈴木二〇〇〇）。

まず、万世橋―日本橋の区間は、旧石神井川の谷筋に平行したルートだったので、大通りに沿った排水路によって下水を容易に処理できた。現在の石神井川は、北区滝野川から飛鳥山公園の北側を回って北区堀船で隅田川＝東京下町低地に注ぐが、旧石神井川は現在の不忍通り（旧谷田川の流路に相当する部分）のルートを経て、まだ湿地帯だった不忍池やお玉が池を経て現在の中央区日本橋小網町付近で江戸湊に通じていた（図表2-2、2-4）。

滝野川での流路変更が自然現象なのか人為なのか、人為的な場合には工事の時期はいつだったのか、については議論がある。一三世紀に書かれたとされる『源平盛衰記』には、源頼朝が最初に武蔵国に入った地点が「武蔵国豊島の上、滝野河、板橋」となっており、滝野河という地名のとおり、水流の落差の激しい場所があったことがうかがわれる。

確証はないが、江戸湊に石神井川の流れが直接流れ込むのを防いで洪水を防ぐために、

図表2-4　江戸前島の痕跡と通り町筋の屈曲

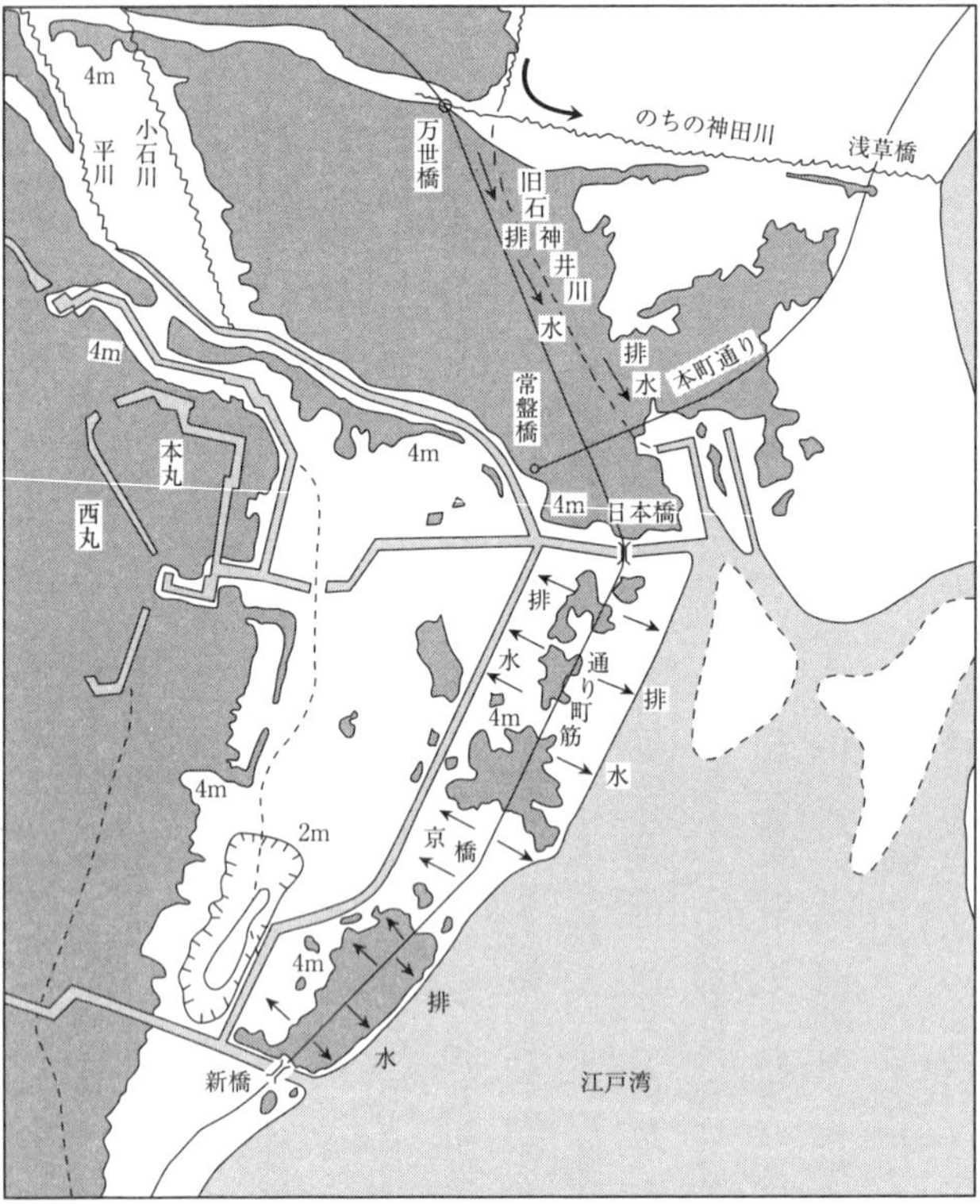


出所：図表2-3および国土地理院基盤地図情報5mメッシュ（標高）データより作成。現在も、通り町筋（現・中央通り）は旧江戸前島の尾根筋に沿っていることがわかる。

鎌倉から江戸時代にかけての、どこかの時点で河流の付替工事が行われたとしても不思議ではない。数百メートルの開削工事であれば、当時の技術水準でも対応できたからである。

一方、江戸前島の尾根筋に一致する日本橋―京橋、京橋―新橋の間では、通り町筋の両側に向かって直角に排水を流した（図表2-4）。主要道路と下水道を、その土地で最も標高の高い尾根筋に配して、その左右に排水を自然流下させる方式がとられている。つまり、通り町筋のルート設定は、江戸前島に市街地を作る条件であった下水処理のためには、最も合理的なものであった。

ただし、江戸の最初のメインストリートは本町通りであった。大手門―常盤橋門―本町通り―浅草橋門のルートで、現在の江戸通り（新常盤橋から）にほぼ沿っている。江戸城や江戸前島から、現隅田川の自然堤防に抜けて浅草寺周辺を経由して奥州に至る道筋にあたる。江戸上宿―尼店―江戸下宿―六本木（中央区日本橋横山町付近）―鳥越川河口―浅草の順であり（図表2-1）、家康入府以前からの集落もこの道筋に沿って点在していた。

## †根拠のない四神相応説

通り町筋の屈曲の理由に関しては、四神相応説に依るものや、江戸が無限に発展するように「渦巻状」に造られたと説明するもの、中心市街地の設計にあたって富士山や筑波山、江戸城天守閣などを町並みの中から眺望できるような「景観設計」が行われたとするものなどがあった。しかし、これらの説明は合理的な根拠を欠くという点で共通している。

四神相応説や「渦巻状」の都市計画を主張する代表的なものである『江戸の都市計画』（内藤昌）では、「平安京は、自然の地勢に「四神相応の地」を求め、「内法制の町割」で整然と計画され（中略）家康入国当初の江戸における都市構成の理念もまた平安京を原典とした」とする。そして、「慶長八年（一六〇三）江戸は幕府地として、規模拡大の必要にせまられ、今までの計画は変更せざるを得なくなる。これから江戸は天下一の大都市として、他にあまり類を見ない右渦巻状の構成をもつのである」と説く。同書のいう四神相応は、「東に流れあって青竜、南に沢畔あって朱雀、西に道があって白虎、そして北に山あり玄武といい、この四神にかなうことを称している」となっており、「かくして武蔵野の麹町台地は玄武に、平川は青竜に、諸国の物産を海路集散する江戸湾は朱雀に、京へ通ずる東海道は白虎となり」と、江戸が四神相応に叶っていると述べる。そして、江戸が四神相応に従って計画された根拠として、「凡此江戸城、天下の城の格に叶ひ、其土地は四神相応に相叶ゑり（後略）」（傍点：筆者）という『柳営秘鑑』（底本の記載なし）の一節を挙げている。さらに、「この記録によって実際の状態を確めて見ると、玄武‐朱雀の南北軸は約百十一度（二〇一三年の講談社版では一一一度：筆者注）西にふれている。当時日比谷入江が大きく城下西南方にせまっていたし、平川の流路が江戸城の北方から東方に廻っていたことも考え合せれば、城正面の大手軸が平安京のごとく南中しないのはやむをえないであろう」とする。しかし、この説明は、一一一度のズレを前提にするなど方位論としても当初から破綻したものでしかなく、角度以前に、四神相応説そのものに無理があることに変わりはない。

というのは、昌平坂学問所の旧蔵本で内閣文庫所蔵の『柳営秘鑑』には、「凡此江戸の城天下乃城の格に相叶ひ其土地は四神相応にも相叶へり」（傍点：筆者）とあり、四神相応の発想で江戸が計画されたとは明確には記されておらず、「も」が入っているとおり、むしろ、江戸の地は四神相応にも（結果的に）なっている、と付随的に扱っている。

なお、『柳営秘鑑』は、徳川幕府の年中行事、殿中の格式、江戸城に勤務する者の職務規定、旧例・故事などを内容とする一種のマニュアル本で、寛保三年（一七四三）の序文がある。その性格上、写本が多いが、テキストとしては幕府の儀礼制定で重要な役割を果たした林羅山に由来する昌平坂学問所の旧蔵本が最も信頼度が高いことを指摘しておく。

一方、『落穂集追加』では、「江戸は四神相応の勝地であると世間で言われているが、その通りですか？」という問いに答える形で物語が展開する。その答えでは「将軍の居城である江戸には全国から人が集まり、その消費を支えるために海川の水運を優先した町づくりがなされた」旨が強調されているのである。同時に「四神相応の地形繁昌勝地を兼備へたる場所」（傍点：筆者）と四神相応を否定はしていないが、江戸の都市形成の根拠にしているとはいえず、むしろ冷めた見方をしている。将軍お膝元の江戸には、家康の神格化と同様の発想が働いているとともに、『落穂集追加』が家康の偉業を語るものだったことからすれば、「江戸は四神相応の優れた土地である」ことを頭から否定するのは、『落穂集追加』の成立した享保期でも差し障りがあったろう。

## †江戸の町割

江戸時代の都市では身分別の居住が原則で、江戸も武家地、町地、寺社地に分かれていた。初期では武家地が九割で残りが町地と寺社地、幕末には武家地七割、町地と寺社地が一・五割程度となっていた。「町」「町地」とは、町人が居住することが指定された場所であり、その範囲と形状を定めることが「町割」であった。この「町」というのは、現在の「台東区蔵前二丁目」といった住居表示を表すものではなく、一定の土地の範囲を持った町人の自治的組織であった。住居表示では道路や河川が境界となるが、江戸時代の町は道路の両側から構成され、中心の道路を隔てた向かい合う街区で一つの町をつくっていた。メインストリートである通り町筋は、各町が道路をはさんで間口が六〇間の町で、それに直交する本町や石町の各一〜四丁目は道路をはさんで四〇間の町だった。間口二〇間の町もあった（鈴木二〇〇〇）。

ただし、不整形な水路や海面と接する場所が多く、メインストリート自体が不規則に屈曲している関係から、この原則に合致しているのは少数派である。家康入府以降の江戸を表わした地図で最も古い『武州《ぶしゅう》豊嶋《としま》郡《ごおり》江戸庄図《えどしょうず》』（「寛永図」）（本章扉写真）でも、道路の片側にしか町地がとれないがための「片町」や、台形や極端な場合には三角形の区画も見られる。江戸の町を、京都のように四辺直角にすることは不可能だったわけである。

江戸初期の史料であるとされる『慶長見聞集』（『東京市史稿』産業篇第三所収）によれば、「江戸町わりは十二年以前（慶長八年）の事也」「件の日本橋は、慶長八癸卯の年江戸町わりの時分新儀に出来たり」と、慶長八年（一六〇三）を江戸の町割の始めとしている。『慶長見聞集』の筆者は、慶長八年を、日本橋の架橋や、翌年発令された第一次天下普請に伴う通り町筋の整備によって、まとまった町人居住地が造成される契機になった年だと認識したのだろう。

一方、『駿府記』（同）には、慶長一七年（一六一二）六月二日、家康が後藤庄三郎光次に「江戸新開の地町割の事」を命じたと記載されており、『台徳院殿御実紀』（同）でも同じ日付で「江府新築の地を市街とし、京・堺の市人に市廓の地を分ちあたへしむ。後藤庄三郎光次この事を沙汰さる」となっている。この「江戸新開の地町割」は、後述の第二次天下普請に伴うものだが、初めから町人居住の「町」を前提にした土地を造成して「新開の地」を作るという意味では、慶長一七年が江戸の町割の始まりと認識されていた可能性もある。

ところで、天明二年（一七八二）の「江戸町割年月答申」（『東京市史稿』産業篇第二十八所収）という文書がある。これは、「江戸の町割が始まったのはいつか？」という町奉行所の質問を受けた町年寄に対して、江戸の草創名主《くさわけ》が回答したものである。慶長八年の江戸幕府開設から約一八〇年後のことである。それによれば「（家康の）入国以前から町人が居住していた場所もあれば、以後の町地もあるので、統一的な江戸の町割の時期はわからない」と述べている。江戸時代でも町割の明確なスタート時期は不明だったのである。むしろ、この「答えぶり」は町割の始期を取り立てて問題にする必要がなかったことを物語る。

なお、明治時代から偽書説のあった『天正日記』を根拠に、天正一八年（一五九〇）の家康入府直後から「江戸の町割」が行われたとする説もある。しかし、東京大学史料編纂所所長であった伊東多三郎が「天正日記と仮名性理」で「眼もあてられないほどの偽作」等と断じて以降、偽書であることが確定している（伊東一九六四）。家康の入府とともに

「江戸の都市計画があった」となれば一種の美談になるかもしれないが、現代の都市計画のように明確なマスタープランが初めからあって「町割」がなされたのではない。それを物語るのが天明二年の「江戸町割年月答申」にほかならない。

## 4　完成した城と町

### †第二次天下普請と艦砲射撃対策

江戸城の第一次天下普請の後、慶長一六年になると西丸工事が一四家に命じられたが、大規模ではなかった。なお、一次、二次といった呼び方は、江戸時代にあったわけではなく、江戸城の築造や整備に区切りをつけるための便宜的なものである。

第二次天下普請は、慶長一八年（一六一三）一〇月に西国大名三四家に対して予告され、大坂冬・夏の陣を目前にした慶長一九年三月に起工された。この西国大名のほとんどは秀吉恩顧、あるいは関ヶ原の戦いで西軍についた毛利秀就や島津忠興などの大名であった。豊臣方との〝最終決戦〟の前に、敵になる可能性のある大名に恭順の意を示させるとともに、彼らを総動員して経済的に疲弊させておく戦略がとられたのであった。

図表2－5　第2次天下普請と八丁堀舟入

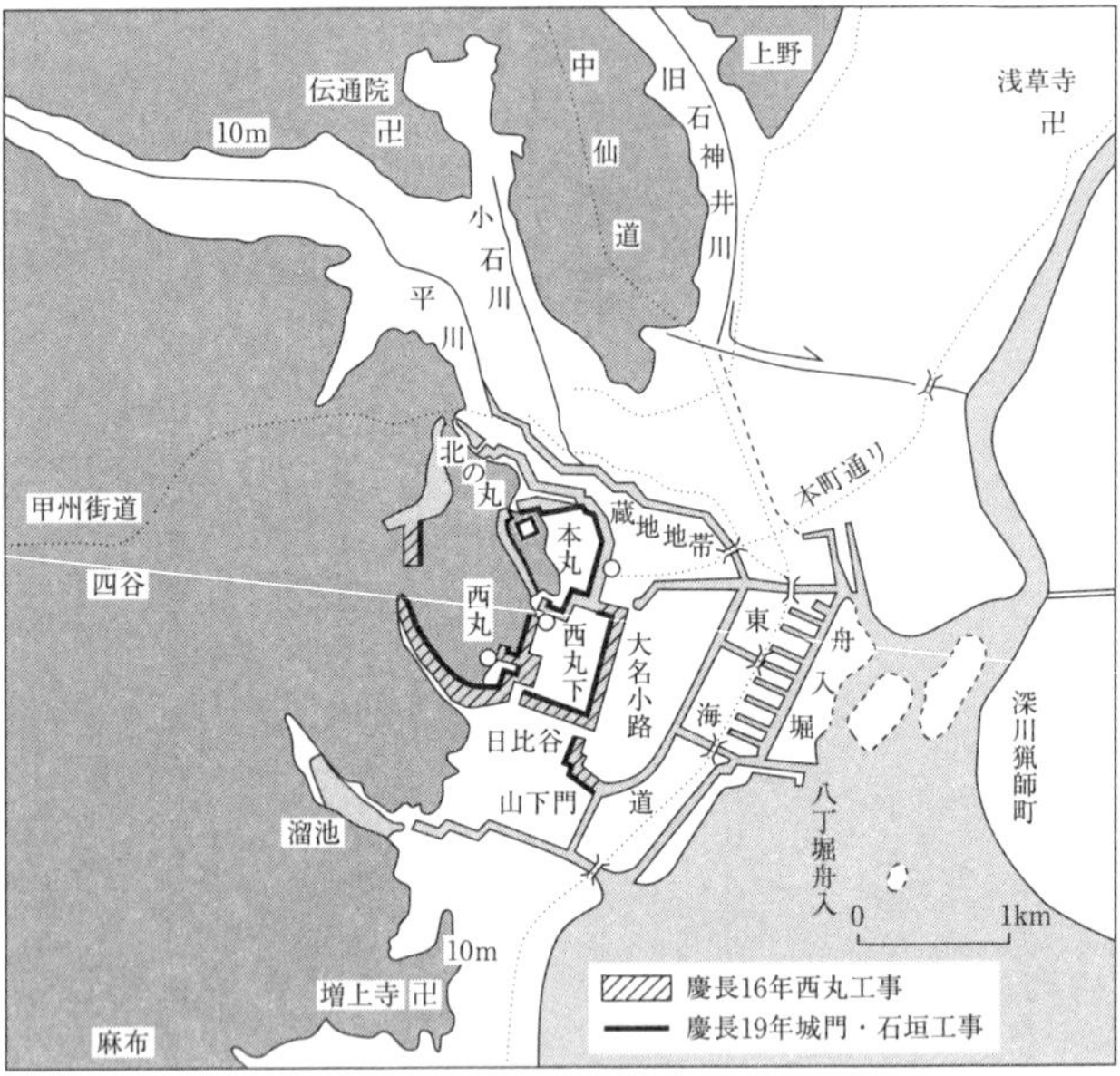


出所：5万分の1地形図（国土地理院、大日本帝国陸地測量部）および鈴木理生（2000）より作成

一方、同じ三月には上杉氏対策として、東北諸大名に対して越後高田城の築造が命じられたほか、東国の大名に対する警戒もあって、慶長一七（一六一二）一月には、家康は条令三か条を彼らに示して誓詞を取っている。

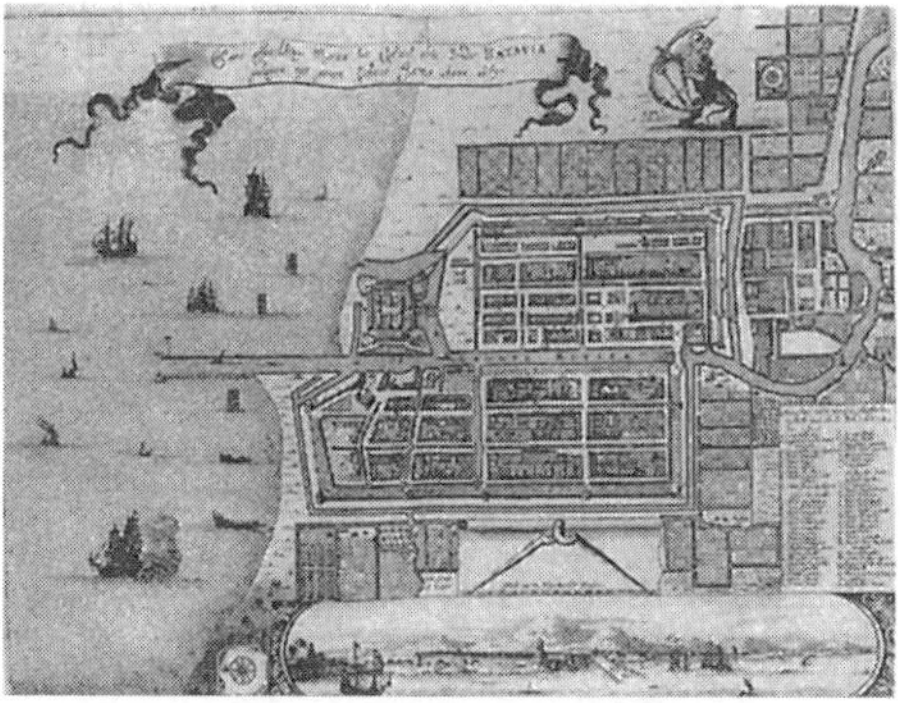
図表2-6　バタビアの八丁堀舟入

出所：モンタヌス『日本遣使紀行』アムステルダム版（1669）、千代田区立日比谷図書文化館内田嘉吉文庫所蔵

第二次天下普請は、江戸城本丸・西丸・西丸下の石垣工事とともに、江戸前島を江戸城の外郭に取り込むものであったが、一〇月に大坂冬の陣に向けた動きもあって九月に工事は中止になった。天下普請を命ぜられた西国大名はそのまま大坂冬の陣に参陣した。翌慶長二〇年（一六一五）の大坂夏の陣で豊臣家は滅亡し、元和と改元されたが工事は再開されず、元和六年（一六二〇）に第三次の天下普請として命じられた。

第二次天下普請が予告された慶長一八年の前年、江戸前島の東岸に一〇本の船入堀（江戸舟入堀）と八丁堀舟入が造られた（図表2-5）。新たな天下普請の建築資材を陸揚げするための新たな港湾であり、第一次天下普請の際に埋め立てられた日比谷入江の港湾と水路の代わりであった。この工事の一環として、江戸前島は江戸城外郭に取り込まれた。

この八丁堀舟入の築造には、船を港湾施設に導く水路の機能だけではなく、江戸湾から江戸舟入堀に入港する船が、城や城下町に平行に進むことを防ぐ狙いがあった。旋回する砲塔がない時代、当時の外国船(洋式帆船)の大砲の砲身は、舷側に向けられて固定されていたので、船の進行方向を砲撃できなかったからである。

当時は、世界的に大航海時代と呼ばれる時代で、火力に勝る外国船への警戒は不可欠であった。八丁堀舟入を進む船の進路上に江戸城を望む構造は、船の横腹を城に向けさせない工夫であり、艦砲射撃による攻撃を封じる仕掛けであった。

八丁堀舟入と同様の施設は同時代のバダビアにもみられるように(図表2-6)、大航海時代の海防施設で、そうした施設がない場合の結果は悲惨なものになった。寛永一四年(一六三七)から翌年にかけての天草・島原の乱が平定される際に、幕府の依頼をうけたオランダ船の艦砲射撃によって、一揆勢が立てこもる原城が壊滅したのがその好例である。

## †あらたな脅威と謀反の風説

慶長一四年(一六〇九)頃を境に徳川氏による大名支配は着々と強化され、一二月には、徳川頼宣を駿河・遠江、徳川頼房を水戸に封じるなど、大名配置の面でも体制の強化を図った。さらに、江戸以外での天下普請も相次ぎ、方広寺大仏殿の再建を豊臣秀頼に着手させ、銚子舟入の普請を奥羽諸大名に命じている。

慶長一五年二月になると、名古屋城とその市街地造成が諸大名に命じられた。それまでの尾張国の中心は、庄内川右岸の自然堤防上に発達していた清洲だったが、庄内川の左岸で濃尾平野に東方から張り出した熱田台地の北西部に名古屋城を築くことにより、関ヶ原方面からの軍勢に対する防衛ラインを庄内川に設定し、それを眼下に見下ろすことが可能となった。そして、豊臣方を睨んだ壮麗な大建築として築かれたのであった。

大坂夏の陣で豊臣家を滅亡させたものの、徳川政権には不安がつきまとっていた。元和二年（一六一六）四月に家康が没した後、秀忠は家康第六子の松平忠輝を七月に改易したが、それと前後して、忠輝やその支援者が謀反を起こすという噂が盛んに沸き起こった。

同年一月のイギリス商館長リチャード・コックスの日記には、「皇帝（老皇帝家康）と、彼の息子で自分の義父マサモネ殿（伊達政宗）の後だてを受けているカルサ様（松平上総介忠輝）との間に戦争が起こりそうだ」と記されている。改易の約半年前の段階で、家康・秀忠と忠輝との開戦が近いとの風説が広がっていたのであった。コックスの日記には、大坂夏の陣で死んだはずの秀頼がまだ存命であるとか、大名が謀反を企てているといった噂が数多く書かれている。八月には、「忠輝が切腹したので政宗が窮地に陥った」「忠輝はキリシタンの教唆によって将軍に叛く」といった風説の流布も記されている。こうした風説=現代流にいえば風評が渦巻く状況は、当時の緊迫した政治・軍事状況を反映していた。

これと前後するが、慶長一八年(一六一三)九月には伊達政宗の遣欧使節の支倉常長《はせくらつねなが》が陸奥月浦を出帆している。これは、幕府の了解のもとに通商を開く目的で使節を派遣したもので、政宗が謀反のためにスペインなどを後ろ盾にしようとするものではなかったとされるが、家康は政宗に対しては、常に警戒を怠ってはいなかった。

幕末、幕府の最高意思決定に関与した勝海舟は「政宗は六十二になるまで、隙さえあれば、天下を取るつもりであった」と回想している(『新訂　海舟座談』)。海舟のような立場の人物の「政宗像」を物語るものであり、それが幕府高官に共通した認識であった可能性も高い。

政宗は慶長六年から仙台城と城下町の建設を進め、慶長九年から一四年にかけては松島五大堂、塩竈神社、大崎八幡神社などを建立するとともに、従来の家臣に加えて東北の旧戦国大名などを新たに抱えて巨大な家臣団を擁していた。また、有力な家臣がその陪臣を抱えながら知行地に居住し、仙台に参勤居住する制度も定まった(小林二〇〇八)。これは「東北地方の将軍」ともいえるものであり、城の周辺に神社仏閣を配したのは、仙台全体の防衛体制が強化されることを意味していた。江戸城と増上寺などとの関係と共通していたのである。

そうした状況は、家康が政宗を警戒する理由として十分だったとみられる。しかも当時の政治環境の中で、多くの関係者が「謀反が起こり得る」と認識していたからこそ、コックスの聞いた風説が蔓延していたのだろう。そのような風説の存在は幕府を緊張させただけでなく、万全の対策を講じて「見える形で」謀反のおそれを摘み取ることが、実際の危機管理としても政治的にも求められた。でなければ、徳川の力による天下統一の実効性に対する疑念が広まる恐れがあった。

当時は、元和三年(一六一七)二月に亡き家康が東照大権現の神号を受け、翌三月には日光東照社の神殿が竣工し、家康が日光に東照宮として祀られた時期にあたる。それを契機に、東照宮造営のために利根川や鬼怒川の流域で川普請(運河・治水工事)が、本多正純(宇都宮)、日根野吉明(壬生)、小笠原政信(関宿)など利根川流域に領地を持つ譜代大名一二家に命じられた。この工事によって江戸と日光が水路で結ばれるとともに、関東地方全体の水運網の整備が急速に進み、後年、これが商業ベースに乗って「内川廻し」に発展した(鈴木二〇〇〇)。内川廻しとは、東廻り航路で那珂湊や銚子湊に輸送された物資を、北浦・霞ヶ浦や関東地方の河川・運河を経て、江戸まで舟運で運ぶルートである。この川普請には、日光東照宮の造営すなわち家康の神格化を急ぐ必要があっただけでなく、舟運の利便の向上に加えて、東北の軍事的脅威に対して軍事輸送の便を向上させた側面も否定できない。

## 寛永寺建立の狙い

一方、後述の第三次天下普請は元和六年（一六二〇）に始まるが、その工事と並行して、元和八年（一六二二）から東叡山寛永寺（現・上野公園一帯）の造営が始まっている。寛永二年（一六二五）になると、現在の東京国立博物館の場所に本坊が建立され、それが寛永寺の創設年とされている。造営の始まった元和八年には、最上義俊（山形）、本多正純（宇都宮）の改易が続き、二月のコックスの日記にも、秀忠の兄・秀康の子である松平忠直による謀反の噂が記されているなど、世上は相変わらず騒然としていた。つまり、政宗の脅威が存在し続ける上に、有力大名の謀反の噂が出回る状況の中で、造営が始まった。

寛永寺をこの場所に造営した理由としては、寛永寺のホームページなどで、「江戸の鬼門を守るため」と説明されることも多いが、それには再検討が必要である。とりわけ、当時の軍事・政治情勢と寛永寺の立地条件を改めて検討してみると別の見方が成立する。

寛永寺の敷地は、藤堂高虎、津軽信枚《のぶひら》、堀直寄の三家の下屋敷などを幕府が収公して天

図表2-7　第三次天下普請と寛永寺

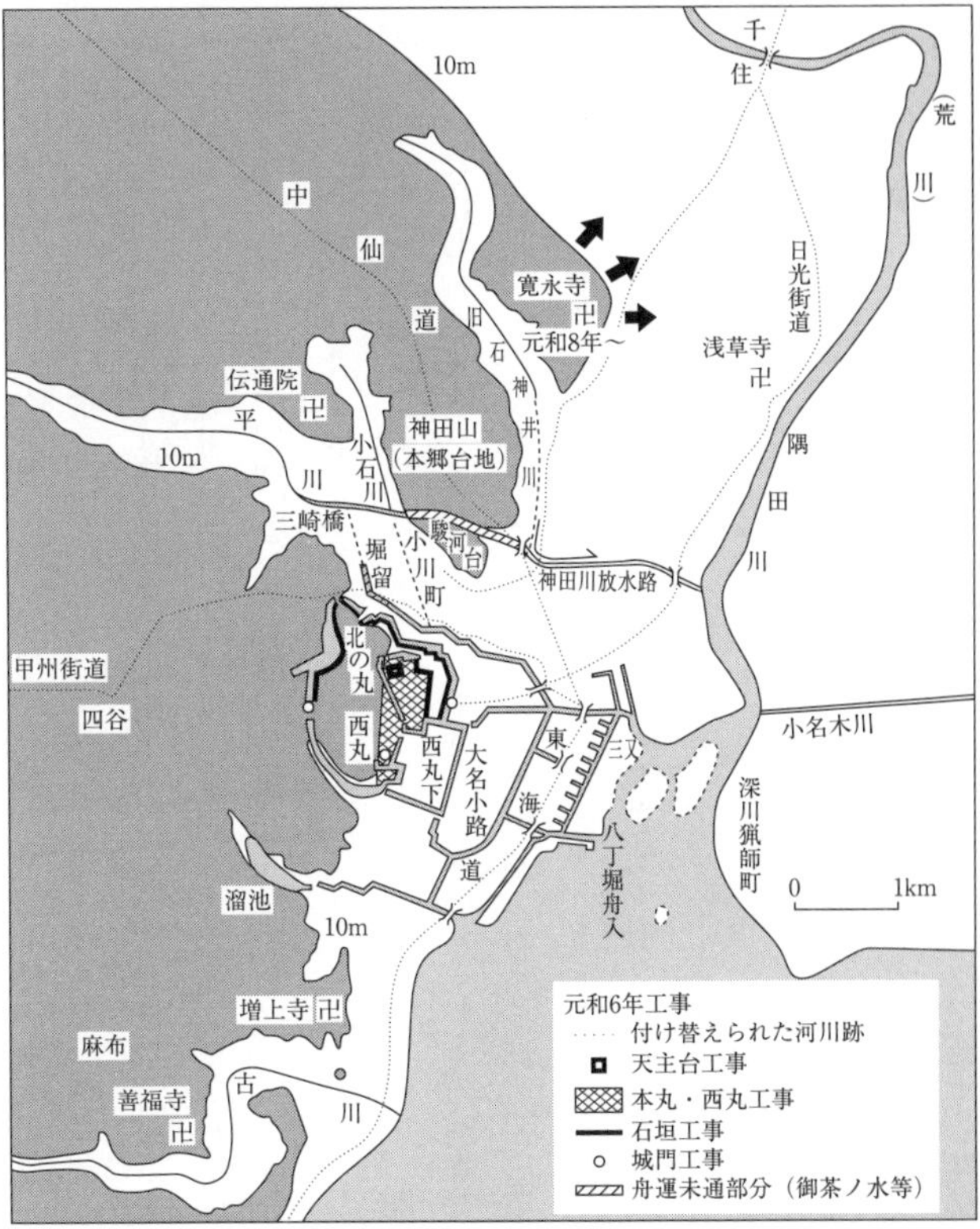


出所：5万分の1地形図（国土地理院、大日本帝国陸地測量部）および鈴木理生（2000）より作成

海に与えたもので、旧石神井川によって本郷台地から切り離された標高一〇メートルの等高線で囲まれた高台の一帯を占めている（図表2-7）。ここからは東京下町低地はもちろん、好天なら筑波山から日光男体山までの関東平野を一望できる。眼下の微高地上には千住までの道筋（現在の下谷通りに相当）があり、それは東北地方に通じている。

この微高地の痕跡は国土地理院の基盤地図情報五メートルメッシュデータ（標高）からも確認でき、海抜二メートルの範囲が下谷通り沿いに千住大橋まで（台東区下谷から三ノ輪を経て荒川区南千住まで）続いている（図表2-8）。このルートには、開山者が天文八年（一五三九）に没した西光寺、延暦一〇年（七九一）開山とされる円通寺など、江戸時代以前から人々が往来していた痕跡が残っている。家康が入府四年目の文禄三年（一五九四）に架橋した大橋（現・千住大橋より二〇〇メートル上流）も、この微高地とほぼ一致する。千住は源義家の渡河場所であり、古くから東国の主要ルートになっていた。そうした要衝も寛永寺から二、三キロメートルの距離にある。浅草橋から荒川（現・隅田川）の自然堤防上を経て千住に至る日光街道も至近である。

台地上に大寺院を配置する発想は、増上寺や伝通院と共通している。政宗の脅威が顕在化していた時期に、この場所を選んだ主な目的は、江戸防衛上の戦略拠点の構築だったとみて差し支えない。寛永寺は東北方面から江戸を脅かす現実の敵に備えるには格好の場所だったからである。その意味では、実際の「鬼門」でもあった。

『台東区史』通史編Ⅰでも、上野の山には「館《たて》的な性格」があること、日光街道や奥州街道につながる重要な場所で、新河岸川《しんがしがわ》、隅田川、三味線堀によって関東の要衝・川越にも近いことを挙げた上で、「幕府が東叡山の山主に皇子を迎えて、万一の場合の対朝廷の柱とすると共に、この地を軍事上の一拠点と認識していたとしてもあながち不思議とはいえない」としている。

　しかも、その造営に諸大名が進んで参加して、寛永三年（一六二六）以降、上野東照宮、清水《きよみず》観音堂、五重塔、根本中堂（元禄一一年〔一六九八〕）と、豪華な建築物が次々に完成していく様子は、家康の神格化や、幕府の強大さを象徴していた。ところが、「将軍が大名の脅威に対して防御拠点を造営した」という実態は、幕府にとっては政治的には芳しくなかった。「脅威」は存在しない建前だったからである。「寛

図表2-8　寛永寺と千住・日光街道

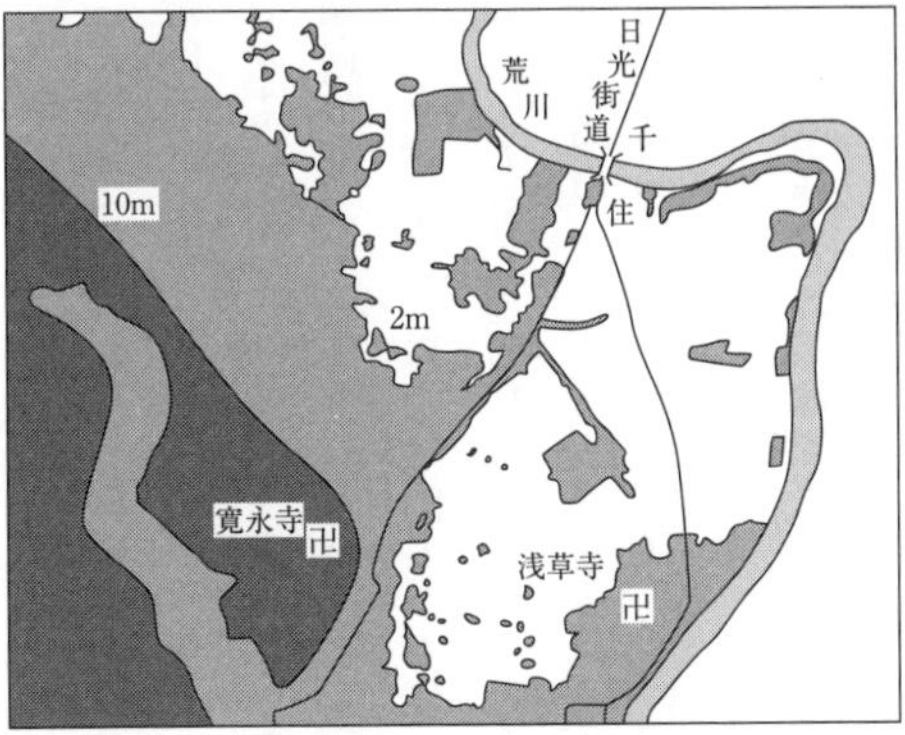


出所：図表2-7および国土地理院基盤地図情報5mメッシュ（標高）データより作成

永寺が江戸城の鬼門を封じる」という一種、宗教性を帯びた理由は、そうした不都合を避けるには最適だった可能性も浮上する。増上寺や伝通院と同様、軍事性・政治性を宗教性で覆い隠したのかもしれない。

しかも寛永寺の創始者が天海《てんかい》だったことが意味深長である。天海は関ヶ原の後から家康の知遇を得て、二代秀忠、三代家光の帰依もあって将軍の意思決定に深く関与した。家光の信任を背景に、以心崇伝《いしんすうでん》とともに幕政で権勢をふるったのも、天台宗の高僧であり、かつ卓越した政治感覚の持ち主だったためである。約四〇〇年もの間、人々に「江戸の鬼門を守る寛永寺」と信じ込ませることができたことは、大宗教家と大物政治家を兼ねていた天海の面目躍如といえる。なまじの宗教家や政治家なら、人々は最初から疑ってかかるだろう。

その一方で、政宗は家康・秀忠・家光の三代にわたって厚遇を得ている。その背景には、政宗が粗略に扱えない相手だったことが想定できる。同時に、かつての米ソの冷戦にみられたように、強力な仮想敵の存在自体が自陣営の体制を強化し、引き締める上での格好の口実になったからともみられる。史料的な裏付けはないが、〝政宗の脅威〟が成立初期の江戸幕府の体制固めに寄与し、それを幕府、政宗の双方が認識していた可能性も否定できない。

## †第三次天下普請から神田川整備工事まで

元和六年（一六二〇）からの江戸城の第三次天下普請は、本丸、西丸、北丸の工事、元和八年の江戸城本丸殿閣工事などで、本丸、北丸、三丸や天主台の石垣築造に力が注がれており、防御力の向上とともに、高くなった石垣は江戸城の威容を強めた（図表2-7）。石垣とともに半蔵濠や桜田濠など谷筋を活かした濠が整備された。一方、駿河台を開削して平川や小石川の洪水を隅田川に放流するバイパスが造られ、万治三年（一六六〇）の神田川整備によって本格的な水路になった。また、舟入堀の対岸の埋め立ても進んでいる。

寛永五年（一六二八）から寛永七年の第四次天下普請では、本丸や西丸工事、外郭の石垣工事や城門築造が始まっている。第三次天下普請との重複が多いのは、同じ場所の工事が積み重なって、だんだんと江戸城が出来上がっていったことを示している（図表2-9）。

第五次天下普請は（図表2-10）、寛永一二年（一六三五）に江戸城二丸拡張工事として開始された。翌年の江戸城惣構と天主の改築、外郭の石垣、堀の工事と続き、寛永一六年八月に本丸改築工事が竣工したが、天下普請では最大規模の一二〇家が動員され、現存する清水門、田安門、外桜田門のほか筋違橋門、常盤橋門、市ヶ谷門などの枡形門もこのとき完成している。枡形門は、濠にかかる橋の入口に建てた高麗門の内側に方形の空地と、橋から直進する導線上とその直角方向に石垣や濠を配し、残る直角方向に設けた多聞楼《たもんろう》の下の門から出入するものである。高麗門を破った外敵は楼上からの弓・鉄砲の攻撃にさらされる構造である。また、島原の乱から得た「城郭防備は砲撃対策」だという教訓により、外郭のほとんどは砲撃に強い土手となった。谷筋を活かして弁慶堀や飯田堀などの外濠も整備されたが、濠の幅は当時の大砲の有効射程を考慮した設計である。ここでも、城と城下町の設計において自然地形の活用と防衛の発想が貫かれている。

ところがその直後に、本丸が火災で焼失し、翌一七年四月に再建された。それにより、江戸城と江戸市街の骨格がほぼ定まったが、明暦三年（一六五七）正月の明暦大火により、ほとんどが灰燼に帰した。明暦大火以降の市街地の拡張については第4章で触れるが、その復興として隅田川の対岸まで市街の拡張が進んでいる。

そして万治三年（一六六〇）四月になると、神田川の整備工事が伊達綱宗に命じられた。この整備では、それまでの神田川が洪水時の放水路であったものを本郷台地を深く開削して常に水が流れる状態にした。その結果、飯田濠まで水運が通じて河岸も成立している。江戸の内陸部にも水運網が広がったのである。これによって、家康入府から約七〇年間、四代将軍家綱の代まで続いた江戸の市街地整備が完成したのである。

図表2-9　第四次天下普請

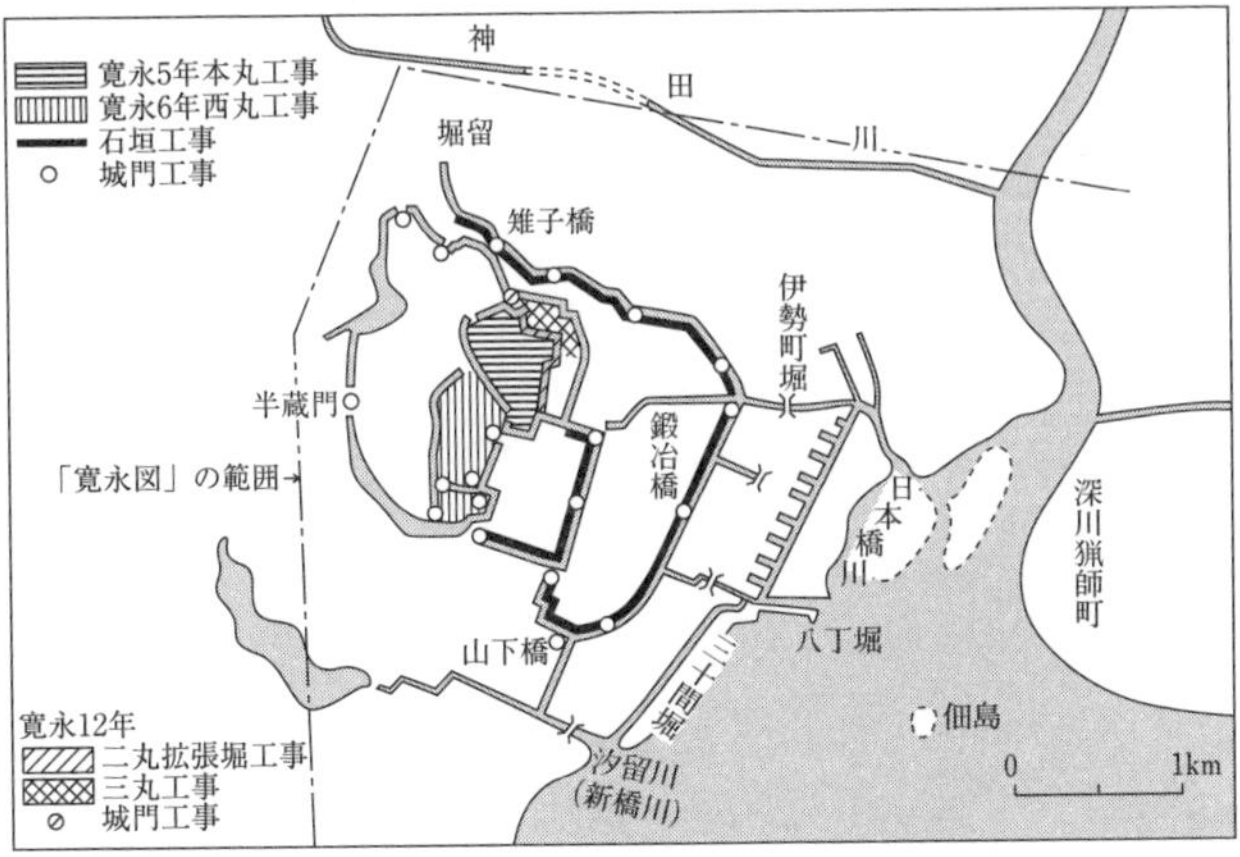


図表2-10　第五次天下普請

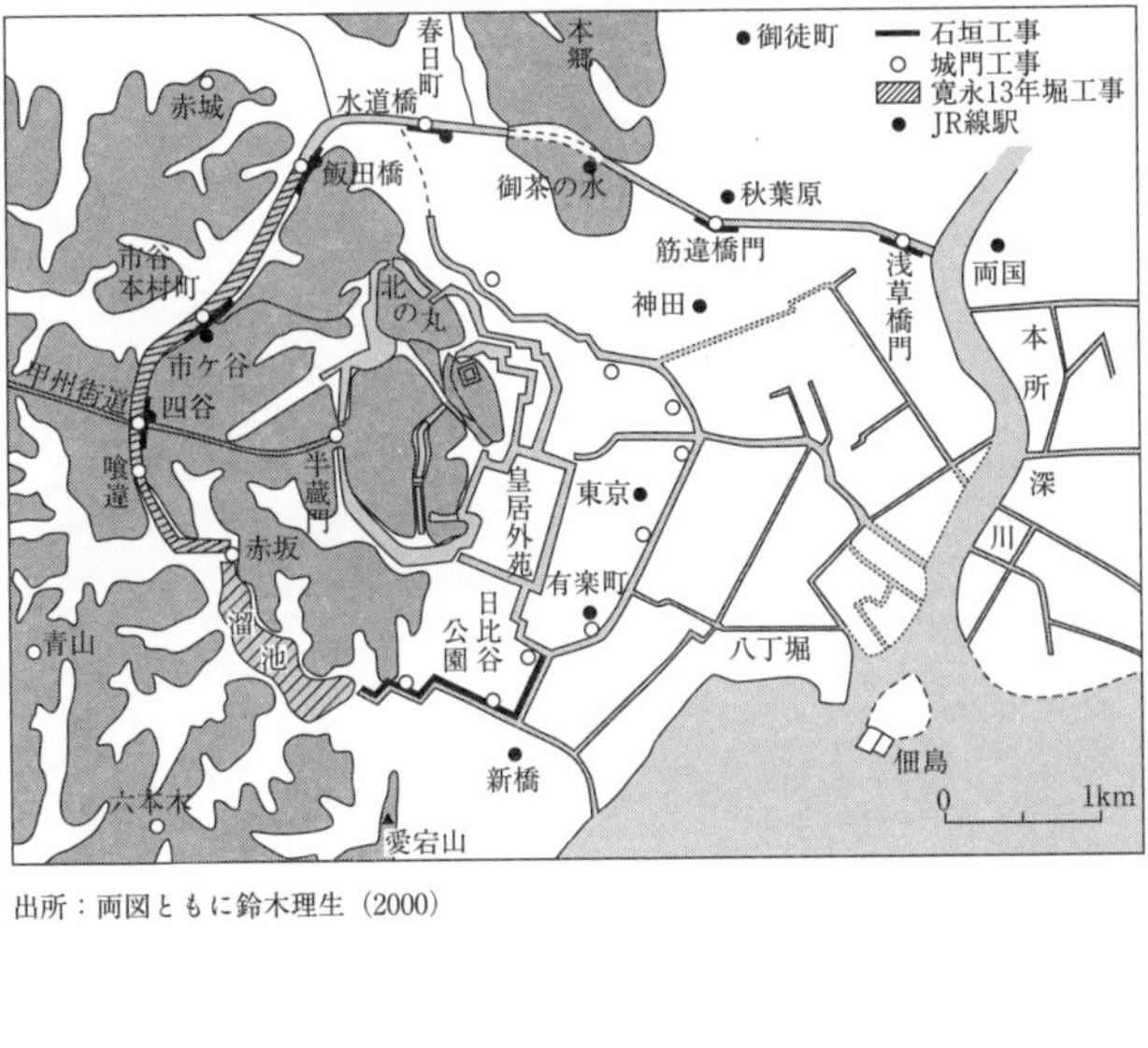


出所：両図ともに鈴木理生（2000）

第３章

# 成長の時代——城下町建設と貨幣経済

旅装の武士が多いので参勤交代の大名行列か。参勤交代は全国からヒト・モノ・カネ・情報を江戸に集積させた。「江戸名所図会」より霞ヶ関。

## 1　天下普請は公共投資

### ✝家康入府と特権商人

徳川家康の江戸入府は天正一八年（一五九〇）八月朔日《ついたち》だが、おおむねその年いっぱいまでが「御《お》草分《くさわけの》之節《せつ》」と呼ばれる。この時期、家康は家臣団とともに関係の深かった商工業者を江戸に呼び寄せて地所を与えている。三〇万人の大軍団が進駐するには、軍需品の輸送や生活必需品を着実に確保できる体制を整えることが課題となっていたからである。

彼らの多くが経済先進地域の上方で活躍していた商工業者であり、天下を窺う関東の太守として不可欠な専門的かつ先端的な知識ノウハウを新たな城下町に誘致したわけであった。戦国時代末期になると、大名の異動に伴って、関連する商工業者が集団で移転するケースが増えてくるが、家康の江戸入府に際しても同様であった。また、元々江戸に居住していた有力者で、家康の江戸支配に貢献できると期待された者にも、任務とともに土地を与えた。この時期から江戸の地主であった者が「草分《くさわけ》」ないし「草創《くさわけ》」と呼ばれた。

彼等に与えられた地所を拝領屋敷といったが、拝領とは家臣が主君からモノや知行地を貰い受けたことを意味していた。江戸の面積の七〇パーセント（幕末）を占めた大名・旗本・御家人などの屋敷地のほとんどは将軍からの拝領屋敷であったが、武家以外にも、幕府の用達《ようたし》を勤める町人や職人も役割に応じて拝領屋敷を貰っている。土地だけではなく、江戸の各町の責任者である名主に任命された者もあったが、これらを草創名主といった。

このような町人の扱いを行った背景には、戦国時代末期になると、領国経営や兵站などさまざまな側面で組織化と分業化が進み、戦国大名の組織経営の中では、家臣団と商人との分業が進んでいたという事情があった。軍需物資はもとより衣服や諸道具類の調達のほか、他の大名などをにらんだ情報収集や工作にあたる場合も増えている。

とりわけ、通貨や貿易の管理、軍需物資の調達など天下統一に欠かせない経済分野の要所ほど、単純なギブ・アンド・テイクよりもはるかに濃密な家康との関係＝血縁関係や主従関係によって〝特権商人〟が配置されることが多かった。彼らは、家康にとって最も信用できる人材だったからである。呉服師の後藤縫殿助《ぬいのすけ》や茶屋四郎次郎《しろうじろう》、亀屋栄任、金座の後藤庄三郎、伝馬役の馬込勘解由《かげゆ》などの特権商人は、家康の身内や家来であった。

呉服師の後藤家の場合、初代の松林は岡崎時代の家康の側近で呉服御用を務め、三代目長八郎忠直は秀忠の小姓だった。二代目忠正の次男の四代目益勝が縫殿助を名乗り、幕末まで呉服師を務めた。「金座後藤」と区別するために「呉服後藤」とも呼ばれた。

同じく呉服師の茶屋四郎次郎の場合、初代は三河時代の家康の側近で、京都・上方での物資や武器の調達で活躍した。三方ヶ原、長篠、小田原攻めなど家康の合戦における軍需物資の調達・運搬に貢献した。天正一〇年（一五八二）の「本能寺の変」の直後、堺に滞在していた家康が「伊賀越え」によって帰国できた際も、彼の情報力や経済力が役立った。その後、豊臣政権下で家康の情報活動を支えたほか、秀吉と家康の間のさまざまな調整業務にも従事した。家康の江戸入府に従って江戸に入り、江戸の町方の町割を担当したほか、朱印船貿易商としても有名である。三代清次は長崎奉行長谷川藤広の養子になったが、慶長八年（一六〇三）、兄の清忠の死去に伴って家康の命により実家に復帰して跡を継いだとされる。翌慶長九年に糸割符制が制定された際に、京都・大坂の商人も特権にあずかれるよう運動して、それを実現させている。

亀屋栄任は、初代が三河時代の家康に仕え、出陣も重ねている。京都出身ということもあって、衣類に限らず「京都諸事一切之御用」を命じられており、朝廷工作などの京都における情報活動も含まれていたとみられる。秀忠の娘千姫が豊臣秀頼に輿入れする際の婚礼衣装その他道具類の一切を調達したほか、「本能寺の変」を京都から堺に出向いて家康に報告、その後本人は京都に引き返して手勢を集め、極秘裏に伊賀に近い近江国信楽《しがらき》で家康本隊に加わったとなっている。江戸には慶長年間より詰めて呉服師となった。

## †軍需物資の輸送業者

江戸入府とともに、軍需物資の輸送を任務とする伝馬役兼名主も定めた。ここでも家康の旧家臣が活用された一方で、江戸の地元有力者を登用する形で、江戸支配の基盤が作られた。伝馬役とは人馬の供給事務であり、宿場の問屋に相当し、その業務を行う場所が伝馬町である。家康入国直後の伝馬町は武州豊島郡宝田村にあったが、城郭拡張により、日本橋の大伝馬町、南伝馬町、小伝馬町に移転した。大伝馬町と南伝馬町が五街道向け、小伝馬町が江戸府内と近郊への公用人馬を負担した。職は世襲で代々襲名し、その町の名主を兼職した。大伝馬町と南伝馬町の名主は、江戸の名主の筆頭であった。

入府直後から、家康が軍事輸送をことのほか重視している様子は、兵站をほとんど無視した挙句、精神論を振りかざして自壊した昭和の帝国陸軍とは大違いの観がある。

伝馬役の馬込勘解由の先祖（伊東平左衛門）は、遠州国馬込村出身の郷士で、家康が幼い頃から御家人同様の待遇を得ていた。家康の陣中への諸道具、兵糧、兵站輸送の任にあたり、戦闘にも参加した。家康に従って江戸に入り、宝田村（現在の呉服橋）に居住し、御伝馬役・名主役を命じられた。慶長一一年（一六〇六）、江戸城拡張に伴って宝田村が曲輪《くるわ》に取り込まれたため、替地の大伝馬町二丁目に移転し、日本橋大伝馬町の名主を世襲した。また、江戸の筆頭名主を務め、日本橋大伝馬町一丁目・二丁目、同塩町、通旅籠町、堀留町一丁目・二丁目、伊勢町、鎌倉町といった江戸の商業地の中心部を支配した。なお、その役料は幕末で年二一二両だったが、大名、旗本への貸金業でも収益を上げている。

高野新右衛門と小宮善右衛門は、いずれも宝田村の郷士であった。家康入府に際して、土地の旧家であったため召し出され、御伝馬役・名主役を命じられた。これも慶長一一年の城郭拡張に伴い、それぞれ京橋、南伝馬町に居住し、名主となっている。馬込勘解由と同様、島原の乱の平定に際しては「人馬之大御用」を務め、褒美として江戸市内に地所を拝領した。馬込勘解由は四谷、高野新右衛門と小宮善右衛門は赤坂と田町の土地であった。

宮部又四郎の先祖も武州豊島郡千代田村に居住していたところ、入国以来、名主と伝馬役を命じられた。この場合の伝馬役は江戸内の人馬御用である。又四郎も江戸城の拡張により日本橋小伝馬町に移転している。

## †呼び寄せられた諸商人

さらに、家康の岡崎時代の天正一〇年(一五八二)から御土器御用を務めていた松井彌右衛門、江戸上水の見立てに貢献し御菓子を製造していた大久保主水、天正一四年(一五八六)に家康が駿府城にあった際に御酒御用を命じられた伊勢屋彌兵衛など、家康に仕えていた商人・職人も、家康に従って三河国から江戸に移っている。

唐人一官（呂一官）も家康の入府に従って江戸に下り、現在の日本橋付近で、後の通二丁目に屋敷地を拝領した。唐人一官は薬草の学のほか、海外事情にも通じていたことから天正一二年（一五八四）頃から家康の外交顧問兼調薬顧問になっており、家康の入国に従って江戸に進出し、草分となった。整髪料のポマードで有名な柳屋（現・日本橋二丁目）は、一官以来、その子孫が受け継いできた臙脂《えんじ》屋《や》ないしは紅屋だったが、文化五年（一八〇八）に近江商人の外池五郎三郎によって買収されている。

さらに、江戸開府とともに江戸に進出した商工業者としては、大坂で豊臣氏の御用達商人であった漆器商の木屋の初代林九兵衛も家康の招きで江戸に下り、本町三丁目に開店している。明暦大火後、室町一丁目に移転し、将軍家や大名家を顧客に繁昌し、金物木屋（刃物の木屋）、三味線木屋、化粧品木屋、文房具木屋、象牙木屋などを暖簾分けしている。

先祖が王伝菴という明国人で、元亀天正の頃、九州で漢方医として有名だった伊勢屋（島原吉兵衛）も同様に江戸進出を果たし、薬舗を開いている。

大伝馬町一丁目にあった江戸草創以来の木綿問屋である升屋（久須木七左衛門）も、家伝によれば徳川氏入府前後に伊勢国から豊島郡宝田村に進出して、慶長年間になると木綿商となっていた。

一方で、家康の入府以前から江戸に進出していた者もあった。

仕えていた織田信長亡き後、商人になり徳川氏入府に先立つ天正一一年（一五八三）に泉州堺から江戸に来たのは、いわしや（松本市左衛門）である。今の丸の内に薬種店を開店したが、天正一九年（一五九一）城郭拡張により現在の地（本町二丁目、当時は三丁目）を拝領し、屋号をいわしやとして、痢病妙薬調痢丸を販売して繁昌している。

また『落穂集追加』では、八重洲河岸の漁師から魚を購入していたとの記述があるとおり、江戸に以前から住んでいた住民は、家康やその家臣団に魚や野菜などの食料品を供給したり、伝馬役の下で荷役を担う形で、城下町の町人として再編されていった。

## †町人優遇の税制

江戸も大坂も町地の地子銀《じしぎん》（年貢）は免除されていたが、それは、直接税を免除して、多くの商人・職人を江戸・大坂に集めるためであった。これは戦国時代以来の楽市楽座政策の延長でもあった。年貢率が七割程度だった江戸初期としては非常に大きな優遇税制だった。

幸田成友著『江戸と大阪』によれば、地子銀の免除は、大坂では寛永一一年（一六三四）から、江戸もその頃からだったが、代官領が市街地化した場所は地子銀を納めていた。

これを江戸では町並地、大坂では町役御年貢両役の分といった（幸田一九三四）。

地子銀の免除された町は公役（労働力の供出）を負担したが、享保七年（一七二二）に江戸では銀納（公役銀）に改められた。大坂では公役のことを御用人足賃と呼んだ。これらの町人の負担を江戸では町入用、大坂では公役・町役と呼んだ。町入用とは、地主負担の都市の維持管理のための費用だった。江戸の場合、消防・祭礼・水道関係がその大部分を占めており、その負担の重さから『地主の三厄』と呼ばれていた。江戸では町入用や公役銀は、第5章で述べる町年寄が名主・各町の町役人（家主五人組＝月行事）の手を経て各町から徴収した。町人は個人名義では町入用や公役銀を納めず、所属する町単位で納めていた。問屋株仲間の冥加金も個人事業者ではなく業界団体が納入した。

町単位に割り当てられた金額をその町の地主たちに振割る方法が小間割《こまわり》で、公道に面したそれぞれの土地の間口の間数を基準とした。土地の間口の長さを小間といい、これを課税標準としてすべての課税や役務が計算された。小間割は一つの町の町内における納税の分担の基準でもあり、現代の税率と同じ作用をはたすものだった。小間割で個々の地主の負担額は決まったが、納入は町の連帯で行われた。

## †天下普請の工事資材

慶長八年（一六〇三）、家康は征夷大将軍に任じられ、江戸幕府が開かれた。それ以降、江戸と江戸城の建設工事は本格化するが、慶長九年六月の第一次天下普請の布告の前年の慶長八年には日本橋が架橋され、江戸舟入堀の開削も始まった。

草創時代以来の江戸の商工業者は、家康との個人的な関係が強い者たちや江戸の原住民などであったが、第一次天下普請が始まると、幕府が専門業者を呼び寄せる一方で、ビジネスチャンスを求めて多くの人々が江戸に集まるようになった。

とりわけ、御殿などの建造物を作るには大量の木材の調達が必要になった。同時に、市街や城郭の基盤となる水路工事や石垣工事には大小さまざまな石材が必要になった。石船三〇〇〇艘の建造は天下普請の一環として西国大名に命じられたが、実際の石材や材木を産地から伐り出して、輸送する業務には専門的なノウハウが必要だったのである。そのため、そうした業務に長けた民間業者が当初から活用され、江戸に集められたのであった。

『諸問屋再興調』によれば、材木の場合、第一次天下普請の布告に先立つ三月一五日、尾張、三河、伊勢、紀伊、相模、遠江の六か国より材木商売を行っていた者たち一七名が召し出され、材木伐出しの御用が命じられた。これは、本丸造営に必要な材木を調達するためで、この六か国は木曽谷や紀伊半島、南アルプスや富士山山麓といった木材産地からのアクセスに恵まれた地域であった。そして、太平洋岸の海上輸送（後の菱垣・樽廻船）によって、産地から伐り出した木材を江戸に廻漕するにも有利な土地であった。

材木商売の者たちは、八月二七日には御用を請けることになり、当時はまだ葭原だった四日市材木町（明暦三年に霊巌島へ移転）と本材木町に「小屋掛け」をして大名家の発注に応じて木材を加工・供給しはじめた。「小屋掛け」とは、仮設の仕事場兼住居のことである。御用を滞りなく終え、慶長一一年九月には城が完成したので帰国したが、その後も材木御用を命じるとの沙汰もあった。また、褒美も貰い、中には小屋を住居にして江戸に残って営業を続けたり、材木問屋や材木仲買に発展する者も出てきたのであった。

同じ時期、本丸造営のために相模国の真鶴から一三名の石材商ないし石工師も江戸に召し出されている。伊豆や相模から産出する伊豆石を江戸で荷受けして、工事用に供給する者たちであった。石垣用の巨石から基礎工事に用いる石材に至るまで、城郭築造には各種の石材を大量に必要としたからである。豊臣秀吉による大坂城築城の際には、小豆島の巨石が瀬戸内水運で運ばれているが、江戸城の石垣用石材は主に伊豆石であった。

こうした石材商たちのなかには、材木商と同様、普請が終わった後も引き続き江戸で問屋稼業を行う者も多かった。工事終了後、五味藤五郎・青木平五郎の両人は引続き江戸にあって、豆州・相州・上方からの石を引き請けて販売し、御用石納方も勤めている。この天下普請の際に、相模国小田原の石工師が伊豆石の供給を請負い、伊豆から輸送してきた石船などから河岸に揚げた場所が、小田原町河岸、小田原町と呼ばれるようになっている。

### †さまざまな需要

これに、生活必需品や娯楽などの関連業者や労働者も加わった。天下普請の工事は幅広い分野に需要をまき起こしたのであった。慶長八年の『東照宮御実紀』(『東京市史稿』産業篇第二所収)の記事にも、「この頃、江戸は大都会になって、諸国の人々が集まり繁昌し、四方の遊民等が生活の糧を求めて雲霞のように集まった」「京都から国という女が下り、歌舞伎の劇場を開いたところ、貴賤の人々集まった」といった記述もある。娯楽施設も誕生したのであった。

もっとも慶長八年頃は、町の発展もまだまだの状態であった。『落穂集追加』によれば、「町方の普請は、日本橋筋より三河町川岸通りの竪堀が開削されたのが最初」「その後、徐々に竪・横の堀が掘られ」「諸国から集まった町人で希望の者には宅地を割り当てて、堀の開削によって山積みになっていた揚土(残土)を自由に使わせて屋敷地を造成させた」となっている。しかし、「当初は、希望者は少なかったが、伊勢国出身者が積極的に進出し、一町の半分が伊勢屋の暖簾を掲げるほどになった」とある。『東照宮御実紀』と『落穂集追加』では江戸の発展の様子には微妙な違いがあるが、それは、前者が建設工事の只中の江戸城、後者が日本橋などの町地にそれぞれ視点を置いていたためであろう。

ところで明治になってから、東京府は商工政策上の必要性から、江戸から続いていた当時の問屋について、事業内容や商取引の実務、問屋の系譜などを調査した。それが『江戸東京問屋史料　諸問屋沿革誌』（東京都公文書館）として公刊されており、いくつかの問屋が、すでに慶長年間から商売を行っていたと記されている。

たとえば衣食住の「衣」に関連する商売には、絹織物や木綿製品、それに付随する小間物などがあったが、小間物問屋の場合は、慶長年間に徳川氏の江戸開府以来、京都・大坂・伊勢国・近江国などを出身とする商人たちが江戸に出店したのが始まりであった。畳表問屋も、小間物問屋と同じ時期に伊勢国や近江国の商人が出店し、畳表や畳の縁布のほか、蚊帳などを販売したのが起こりであった。

海上輸送業者の一つである諸国廻船問屋については、秀吉の朝鮮出兵に伴って、兵器・兵員の廻漕のために多数の船が造られたが、出兵が終わった結果、不要となった軍船が民間に払下げられ、それが、商業ベースの廻船の発展につながった旨が述べられている。そして、徳川氏開府以来、江戸と大坂両地の商人が協同して多数の船舶を製造し、海路運輸が大きく発展したとしている。

一方、照明に用いられた水油《みずあぶら》についても、慶長頃から大坂周辺で製造された燈油の江戸への廻漕が始まっている。水油とは、菜種を絞って製造した燈油のことで、元和三年（一六一七）になると「江戸口油問屋」が大坂に、同じ時期に江戸にもそれを荷受けする「下り水油問屋」が生まれている。江戸時代になると、天下の台所・大坂の近郊では、菜種や綿花などの商品作物づくりが大成長し、それらを原料に水油や木綿などが生産されていた。後年、蕪村が「菜の花や月は東に日は西に」と詠んでいるが、それは観賞用や食用ではなく、燈油の原料になる菜種畑が広がっている情景であった。

ところで、二条城は慶長八年に家康が天下普請で築いたが、今の二の丸御殿は、後水尾天皇の行幸に際して寛永元年（一六二四）から三年かけて大改修された建物である。明暦大火（一六五七）で焼失するまでの江戸城や江戸の大名屋敷の多くは桃山様式で、二条城のイメージであった。狩野探幽《たんゆう》らの絵師による金箔地に松や花鳥を描いた障壁画でも有名だが、御殿を絢爛豪華に飾り立てて、来る者・見る者を圧倒するだけではなく、明かりの取りにくい大建築で、水油や蠟燭の照明の下では、金箔地の障壁画は実用的だった。

前章でも述べたように、第二次天下普請の準備工事として、慶長一七年（一六一二）江戸前島の東岸に一〇本の船入堀（江戸舟入堀）と八丁堀舟入の築造が始まった。その前年の慶長一六年一二月、大御所になっていた駿府の家康は、一〇月に秀忠付の年寄（後の老中）に任じられたばかりの安藤対馬守重信《しげのぶ》を江戸から呼んで、「来年、江戸に舟入の水路を開削して水運の便を図れ」「その役務は中国・九州の大名に負担させよ」と命じた。慶長一七年二月になると、重信は江戸の港湾や水路の計画図などを駿府に持参して家康の了解を得ている。江戸の水運の基本設計では、駿府において海外貿易を主管していた家康が、最終決定を行ったわけである。

この天下普請で必要な石材は、伊豆から海上輸送されたが、命じられた大名たちは、その伐り出しや輸送に非常に気を遣っている。毛利家では、伊豆に派遣する者たちには特に掟書（服務規則）を与え、石材の船への積み方や、諸経費、さらには他家との紛争防止などを定めている。とりわけ、「伊豆に着任したら油断するな」「伊豆で石を積む際には油断してはならない」と、「油断」を戒めている。

細川家の場合も、国元から工事責任者である惣頭のほか御普請奉行や侍一〇名を派遣するなど総力を挙げて対応している。細川家が命じられた工事は「今年（慶長十七年）江戸之堀川御堀直し、方々之橋床、石垣ニ被仰付」というもので、江戸の水路の「堀直し」が行われ、橋の橋台を石垣で作るように命じられたとある。

つまり、水路の築造を含む江戸の町づくりは、最初の工事がその後修正されたり、作り直しがなされることもあり、試行錯誤的な側面も強かった。むしろ、その時々の必要に応じて工事が実施されたといってもよい。

そして慶長一八年(一六一三)一〇月、いよいよ第二次天下普請の予告が西国大名三四家に対してなされ、翌慶長一九年三月に起工された。天下普請を命じられた大名家では、財源の確保にはじまり、効率的な工法を工夫する、優れた土木技術者をスカウトするといった努力と苦労を強いられたのであった。また、この時期になると、資材や労働力、海上輸送などのサービスを貨幣で確保する流れが定着した。大名直営の手船とともに傭船もフル稼働の状況で、民間の船舶利用に伴う舟賃も発生している。これから紹介するエピソードは、各大名家の記録によるものなので針小棒大な側面もあるが、当時の御手伝大名たちの真剣さと負担の大きさの一端を垣間見ることができるだろう。

毛利家では、慶長一八年の「江戸御普請」に対して、人員を供出することにはじまり、期限を切って知行一〇〇石あたり銀一〇〇目を家臣から徴収する命令が、毛利輝元と秀就の連名で慶長一七年の一一月に出されている。第一次天下普請の時も同様で、財源捻出のため家臣の質素倹約を徹底した。正月からは知行の大小にかかわらず質素な衣服を着用せよと命じられ、下着に古小袖を着用するのは構わないが、女房たちには正月に新小袖を買ってはならない、女たちに小袖を買い与える場合も、縫い箔、本紅を用いた高級品は一切不可、新帯も本紅もダメ、と念が入っている。さらに江戸へ向けて国を発つ際の進物も禁じている。ただし、来客がある時や他国に使いに行く場合、新所帯を構えるときはその限りでないと、対外的な面目の保持は例外扱いであった。

## †工事の工夫

豊前国小倉城主の細川氏では、将軍秀忠の居住する城内の普請を命じられたこともあって、当主の忠興がことのほか気を遣い、立派な工事をしなくてはならないから「巧者の家来」を派遣せよと命じている。忠興の祖母の妙鏡尼も心配し、「熊本城の石垣は天下無双で名高いが、その石垣工事に携わった優れた技術者集団であった穴太衆《あのうしゅう》で浪人している者から探し出してくるように」と家来に命じた。

そのため、家来は肥後国まで出向き、肥後熊本城主の加藤清正の勘気《かんき》を受けて浪人となっていた原田庄右衛門を、元の知行高と同じ一三〇石でスカウトするのに成功した。なお、清正は慶長一六年(一六一一)に没していた。

採用面接後、正式の決済を省く形で一〇〇石で江戸に派遣したところ、江戸での働きぶりは「殊之外巧者にて、種々手きわ成仕方共、御奉行衆よりも度々賞美有之候由」と優秀であった。そのため、一三〇石で抱えることになった。優れた技術者を〝正社員化〟した上で獲得したわけだが、妙鏡尼も含め、細川家総出で天下普請を支える様子がわかる。

清正や黒田如水とともに築城の名人といわれ、伊勢国の津城主になっていた藤堂高虎も工法に工夫を凝らした。本丸の石垣築造を命じられた高虎は、石垣の基礎部分に狭間《はざま》石を敷く方法を指示し、以後の石垣工事で用いられるようになった。狭間石とは礎石と礎石の間に用いる基礎材である。天下普請は技術革新や新工法の案出につながったのであった。

清正亡き後の加藤家でも湿地の地盤を強固にする工夫をしている。加藤家では森本儀太夫が工事を指揮したが、割り当てられた工事個所の一帯は湿地帯だったので、石垣の土台を堅める必要に迫られた。森本が一計を案じ、大勢の人夫を動員して武蔵野名物の萱を大量に刈り取らせて、それを湿地に敷いた上に、一〇歳から一三歳までの子供を集めてその萱の上で遊ばせたところ、自然に地盤が固まったとされている。それに対して、工事を急いだ紀伊国和歌山城主の浅野氏は大木を基礎部分に敷いたが、普請半ばで石垣が崩壊する憂き目にあっている。

## 2　参勤交代で潤った江戸

### †大名の人質

徳川家康の天下取り以降、江戸幕府の体制が盤石になっていく過程で、大名の江戸在府と参勤交代の制度も確立していった。諸大名のなかで、江戸の家康のもとに最初に人質を差し出したのは、当時、伊予国の大洲城主であった藤堂高虎である。関ヶ原の合戦の四年前、慶長元年（一五九六）のことで、弟を人質としている。以後、それを真似る大名が次々と現れた。慶長四年（一五九九）には、越後国春日山城主の堀秀治が惣領の利重を、甲斐国府中城主の浅野長政も末子を人質として江戸に送っている。慶長五年（一六〇〇）正月になると細川忠興が三男光千代（忠利）を、六月には前田利家の正室で当時の当主であった利長の母芳春院が伏見から江戸に送られた。家康と利長の間に一触即発の緊張が走っていた時期で、謀反の疑いをかけられた前田家側が芳春院を人質に差し出したのである。

関ヶ原の勝利により家康が天下人になると、人質提出は当然のことになった。主なものでも、慶長六年（一六〇一）九月に毛利輝元が子（秀就）、鍋島直茂が次男（直房）、翌慶長七年（一六〇二）九月には伊達政宗が子（秀宗）を人質として江戸に差し出している。外様大名を江戸に参勤させ、妻子を江戸に居住させよ、との家康の方針の下、家康の側近中の側近であった本多佐渡守正信らが強力に誘導し、そうした諸大名に屋敷地を与えた。

そのため、諸大名の江戸屋敷の建設ラッシュも起こっている。しかも、この時期は江戸での天下普請も盛んだったため、普請に専心するため大名はほとんど国元に帰ることができなかった。つまり人質の居住とは別に、幕府との連絡、天下普請の工事事務所としての江戸屋敷の存在は大名には必要不可欠のものとなっていたのである。

### †江戸屋敷の建設——金・銀・銭で支払い

江戸で屋敷地を拝領したとしても、屋敷として必要な建物を築造するための経費は、土地を拝領した大名家の負担であった。低湿地の場所を「屋敷地」として指定されるだけで造成工事も自前で行わなくてはならない場合も多かった。

慶長九年（一六〇四）六月、肥後国人吉城主の相良長毎《ながつね》が母を江戸に人質に差し出した。屋敷は慶長一一年（一六〇六）五月に着工し、七月末には竣工したが、一連の工事に関する決算書が、『相良家文書』の「江戸御屋形作日記」（『東京市史稿』産業篇第二所収）として残されており、当時の大名屋敷の建設工事の一端を見ることができる。

それによれば、石高二万二〇〇〇石の小大名ゆえに、屋敷地も小規模だったこともあり、突貫工事とはいえ三か月ほどで完成した。決算書には土地の造成費は含まれておらず、建物の建築のみの負担で済んだことになる。そして、八月朔日付で工事明細書が作られ、八月一三日付で総決算がなされている。

総決算では、銀一八貫八九七匁八厘七毛の予算に対して、総支出は銀一一貫八三四匁九厘であった。築造されたのは、御台所、御広間、御書院、御風呂屋、御廊下、御局屋、御門、御中門、御節院（六ツ）、御長屋、塀（二方で九一間《けん》）の各建造物で、工事費は「右小判合テ百五十両也」となっており、「此代銀十一貫四百四十六匁五分」に相当した。なお、この小判は慶長小判、銀も慶長丁銀ないし豆板銀で、鋳造期間は慶長六年（一六〇一）から元禄八年（一六九五）までである。

そのほかに、大工の手間、工事関係者の宿泊代、作業場の普請に必要な永楽銭の購入などに銀六八七匁六分九厘が支出され、全部で銀一二貫一三四匁一分九厘となった。ただし、そこから軍役夫三〇名の飯米代などを除くと、総工費は銀一一貫八三四匁九厘となる。

それらをみると、予算は銀、工事費は「右小判合テ百五十両也」と小判（金）で勘定し、それを「此代銀十一貫四百四十六匁五分」（傍点：筆者）という具合に銀に換算している。この複雑さの理由は、銀の流通圏であった九州の相良家だけあって、工事資金として調達した銀によって江戸で小判や銭を購入して、それを資材や労働力の支払いに充てていたからであった。なお、大工の手間など江戸でも銀で支払うものもあった。

第3節で触れるが、江戸時代は三貨制といって、金（小判）・銀・銭が対等の本位貨幣として通用する時代であった。銭は全国共通で通用したが、金の流通圏は江戸などの東国、銀は上方や西国、日本海側などが中心だった。ところが、購入する財貨やサービスの違いによって同じ場所でも、金・銀・銭を使い分けなければならなかった。

工事の明細書を見ると、最初の記述である五月一三日の部分から、「一、銀子二貫九百七十六匁　小判四十両代　但、一両ニ付銀七十四匁四分ツヽ」とあって、小判四〇両を銀二貫九七六匁で購入したことになっており、小判一両を銀に換算すると銀七四匁四分に相当すると記されている。五月一九日にも小判二〇両を銀一貫四七〇匁で購入し、小判一両あたり銀七三匁五分と〝金安銀高〟が進んでいる。ところが、六月一一日は小判三七両が銀二貫七八三匁四分となり、金銀相場は小判一両あたり銀七五匁二分と、逆に〝金高銀安〟に振れている。つまり、金・銀・銭の変動相場による取引が成立していたのであった。

小判の使いみちは、たとえば五月一三日に「一、小判一両　五寸角六十本代」と五寸角材六〇本を小判一両で購入しているが、一八日には五寸角材六三本を小判一両、竹一七六束も一両で購入している。六月三日には屋根葺きの手間として小判四両、松板八〇間分を小判二両、六月一〇日（又は七月一〇日）には畳屋の手間（上下七一枚分）で小判二両、屋根板八五間分を小判一両、永楽銭一〇貫一五〇文などを購入している。そして、御台所、御広間、御書院、御風呂屋、御廊下、御局屋などは一括して小判一〇八両となっている。

一方、六月一〇日に購入した永楽銭一〇貫一五〇文は、縄を作るための大量の藁《わら》束、長屋建築用の松板、竹、丸太、長屋の棟《むね》瓦、屋根板、木挽きの手間賃など、けっこう細かな支払いに銭が使われていたことが記録されている。なお、江戸時代の代表的な銭である寛永通宝の通用は寛永一三年（一六三六）以降なので、この時は永楽銭が通用していた。

## †江戸在府と参勤交代の成立

このように、天下普請と大名屋敷の建設ラッシュが重なったため、江戸の消費は刺激され続け、人口も集中したのであった。そうした時代に、大名の日常生活を規制し、しかも、多大な経済的負担を課す参勤交代の制度が整えられていった。織田信長や豊臣秀吉の時代から参勤交代はみられ、とりわけ秀吉は、大坂城や伏見城などの周辺に諸大名の妻子を居住させ、領国と往復させることを強制している。

慶長一四年（一六〇九）一二月になると、駿府にあった家康の内意のもと、幕府は中国、西国、北国の諸大名に江戸に参勤して越年することを強力に促した。それらの国々は豊臣勢力圏であったからである。この年の九月には西国諸大名が建造した五〇〇石以上の大船を没収するなど、天下取りのための準備を着々と進め、慶長一六年（一六一一）、家康は豊臣秀頼を引見した。それにより徳川氏と、豊臣氏及び豊臣臣下の諸大名の主従関係が確定し、秀吉の時代から続いていた大坂への参勤は解消された。

江戸幕府の参勤交代制度は、寛永一二年（一六三五）の武家諸法度の改正に伴って実施された。各大名を原則として在府一年・在国一年で『一時帰国』させるときに、その領地の位置や帰国時期をうまく組み合わせて、交替で帰国させる代わりに、大名の妻子は人質として江戸に永住させるというものである。「大名小名在江戸交替所相定也、毎歳夏四月中可致参勤」と、大名は毎年四月の交代で江戸に参勤することになった。

この時代までは、江戸で天下普請と屋敷建設に追われていたこともあって、大名たちが国元を空けておく期間が長くなったため、島原の乱（寛永一四～一五年〔一六三七～三八〕）にみられるような国内統治上の問題も生じてきた。また、この頃になると江戸などの天下普請も一段落して、帰国する時間的余裕も生まれてきた。それらが参勤交代制度の定まった背景だったといってよい。

さらに寛永一九年（一六四二）になると、譜代大名にも参勤交代が命じられ、全大名が参勤交代の対象になった。もっとも、水戸徳川家や幕府の老中、若年寄、奉行などに在任中の大名は定府《じょうふ》で参勤交代はしなかった。

## 有効需要を創出

江戸での天下普請は家康入府から七〇年間で収束するが、参勤交代制度は、江戸時代を通じて、江戸の消費活動を刺激し続けた。参勤交代や大名の江戸在府制度は全国の富を江戸に集中させたからである。

江戸時代の年貢率は、寛文頃（一六六一〜七三）までは七公三民で農民の生産物の七割を領主が取り立て、食用と再生産に不可欠な部分を除き、農民の手元には「儲け」はほとんど残らない構造だった。農民たちを「生きぬように、死なぬように」支配して年貢を取立てるのが家康の方針であった。しかし、この頃を境に年貢率は急減して農民に可処分所得が残るようになった（大石一九七九）。さらに、宝永・正徳期（一七〇四〜一六）には三公七民となっている（大石一九九二）。

七公三民の場合、大名の実収入は公称禄高の七割だった。禄高一〇万石の大名では米換算で七万石の収入があったことになるが、この収入で江戸と国元の生活や参勤交代、何年かに一度命じられる天下普請にかかる費用のすべてを賄っていた。

大名の参勤交代を含む江戸在府の費用の割合は実収入の五〇〜六〇パーセントといわれ

るが、一〇万石の大名で、七公三民、在府費用率が六〇パーセントとすれば、次の計算によれば江戸在府の費用は、禄高（大名領の総生産力）の四二パーセントになる。

一〇万石（禄高）×〇・七（七公三民の割合）＝七万石（大名の実収入）

七万石（大名の実収入）×〇・六（江戸在府の経費）＝四万二千石（禄高の四二パーセント）

つまり、江戸初期の場合、江戸在府関係だけでも全国の米の生産高の四割以上に相当する富が江戸に集中していた。しかも、これとは別に江戸の城郭工事や市街地建設のための天下普請があったので、寛文期頃までの江戸には、全国の生産力の半分以上が投入されていたとみられる。江戸在府や天下普請の経費は、現米ではなく貨幣で支払われなければならなかったため、大名財政は好むと好まざるとにかかわらず、貨幣経済の枠内に取り込まれていったのである。相良屋敷の建設でみたとおり、少なくとも第一次天下普請の頃の江戸では、すでに貨幣経済が定着していた観がある。

参勤交代で大名が江戸と国元とを往復する旅行は、天下普請と同様、第2章で述べた軍役と同じ扱いとされた。たとえば、禄高と格式に応じた供揃《ともぞろ》いと道順、日程で旅行をしなければならない、といった厳しい条件が付けられていた。供揃いとはそのまま戦闘行為に移れる武装した行軍隊列のことで、武器・弾薬・食糧などは現地調達を許されず、すべて持ち歩くのが原則だった。現地調達が可能なものは飲料水と薪程度であった。

しかも、江戸屋敷で消費したり参勤交代の道中で必要となる米はともかくとして、これらの経費のほとんどは貨幣で支払わなければならなかった。貨幣経済が社会に浸透していく江戸時代のなかでは、米本位の収入構造の下にあった大名にとって、参勤交代は最大の義務的支出といえた。そのため、第5章で述べるように、天下普請や参勤交代にかかる経費は、大名財政の慢性赤字の原因になった。しかし、その支出＝消費行動によって、全国の富が集まる江戸での経済は拡大していった。

## †参勤交代から生まれた文化

江戸屋敷の費用のうち最大の支出先は、幕府や他の大名との交際費であった。これは現在の企業が、情報収集活動や営業活動に費やす経費に通じるものである。この情報収集や営業活動の目的は、思いがけない天下普請や役務を命じられないための〝根回し〟のための費用も含んでいた。また、数年に一度の割合で確実に命じられる天下普請などの御手伝大名を大名家どうしで調整して決める場合もあった。

また加賀前田家、筑後黒田家、薩摩島津家など主として外様大名の大藩の場合、御手伝普請を担当する子会社ともいうべき二ないし三の支藩を設けて、天下普請に係わる万が一の不手際の累が本藩におよばない工夫もされていた。「忠臣蔵」の浅野本家と赤穂支藩の場合はその好例である。どうしても御手伝を避けたければ、幕府の担当役人に〝しかるべき〟運動をすることはもとより、他の大名家の了解を予め取っておく必要があった。この場合、大名家側の相談と幕府の担当者などとの事前調整＝談合によって、天下普請を担当する大名が決まるシステムだったと考えられる。

それらの活動を担当したのは江戸屋敷に常住した「留守居」役であった。彼等は現在でいえば「外交官兼東京事務所長」に相当する。留守居役の活躍の舞台は高級料亭や吉原であり、交際に伴う多種多様の贈答品は、書画・骨董・工芸品をはじめ料理・服飾などのすべての分野にわたったため、それらの分野の産業が江戸で異常なまでに発達した。殿様に随行して地方からやって来る大勢の家臣団も江戸の消費需要を継続的に刺激した。彼等は江戸でも国元でも、主君から俸禄を支給されて生活費にあてる消費生活者であった。

江戸時代後半ともなると、葛飾北斎や安藤広重などが活躍し、『富嶽三十六景』『名所江戸百景』『東海道五十三次』などの浮世絵が盛んに出版された。江戸の地図や地誌、武鑑なども同様だった。これらは、高級な江戸土産であり、かつ、江戸や道中のガイドブックでもあったので、参勤交代で江戸に集まる武士たちが買い求める定番商品だった。

また、江戸での最新の流行や情報も参勤交代を通じて日本国中に伝えられた。なかでも山王日枝神社と神田明神の祭礼は「天下祭」といって、将軍も見物する江戸最大の祭礼であり、その影響力は大きかった。この祭礼行列には「付《つ》け祭《まつり》」があった。それは大奥の特命により各氏子町が負担する芝居や踊舞台のことで、その年の最新モードやファッション、そして長唄、常磐津などの新曲の発表の場として機能していたのであった。したがって付け祭は天下祭の目玉であり、付け祭があるために「御用祭」とも呼ばれていた。

この祭の形式は、ほとんどの大名の国元に移植されているだけではなく、付け祭での流行は全国のファッション動向に強く影響した。使われた山車《だし》も古くなると中古品として地方に売却された。現物でなくとも江戸の山車を真似して地方で製作される場合も多かった。

一方、全国からもさまざまな情報が江戸にもたらされた。諸国から集まる武士どうしのコミュニケーションによって、江戸では他国の情報にも接することができたのである。

このように江戸は、ヒト・モノ・カネ及び情報が全国から集まり、それらが交流を重ねるなかから新たな価値を生み出す場、すなわち「市場《いちば》」としての機能を持っていた。これは江戸時代に限らず、都市の最も基本的な機能であった。

## 3　都市づくりと貨幣経済の発達

### †通貨統合は経済面での天下統一

天下普請や大名の江戸在府は全国の経済を刺激したが、それをソフト面で支えたのが統一通貨の発行であった。天下統一のプロセスの中で通貨発行権を握った家康は、新たに「徳川の通貨」を作って流通させたのである。それは関ヶ原の合戦の翌年、幕府を開く二年前の慶長六年（一六〇一）の段階であった。それ以後、貨幣経済の発達が進んで江戸時代の経済発展の基礎となった。

この時に鋳造されたのが、金貨では慶長大判・慶長小判などで、初めて定額計数貨幣としての金貨が作られた。銀貨は丁銀《ちょうぎん》、豆板銀であり、定額ではなく天秤で計量する秤量《ひょうりょう》貨幣であった（図表3-1）。それまで国内各地で流通していた貨幣を廃して、新たな貨幣を鋳造したことは、経済面での天下統一の象徴であった。そのため豊臣秀頼と淀君が存命中だった大坂にも慶長金・銀の通用を強制している。

また、伊豆や佐渡などの主要な金銀山は慶長五年の関ヶ原の合戦以降、徳川氏の支配下

## 図表3－1　金貨・銀貨・銭

慶長小判

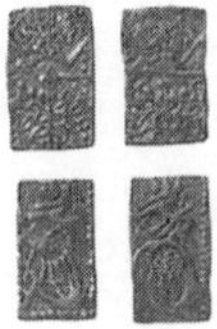

慶長一分金

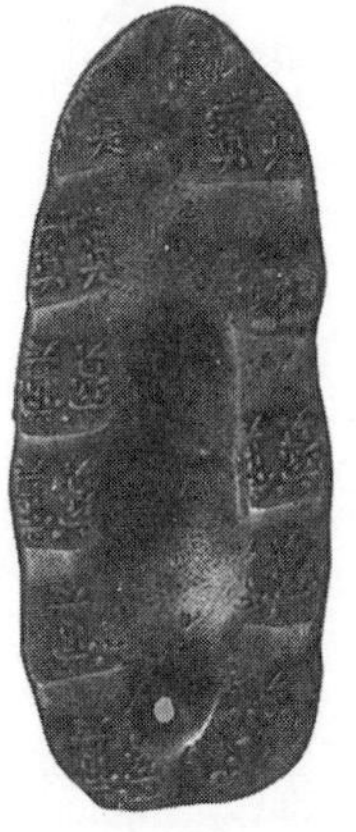

慶長丁銀

慶長豆板銀

寛永通宝（銅一文銭）

出所：日本銀行金融研究所貨幣博物館所蔵

になり、国内産の金銀を徳川氏が独占する体制が整った。滅亡した武田の遺臣の多くが家康に召し抱えられているが、その中には武田家が経営していた金山の鉱山技術者も含まれていた。鉱山技術という経営資源を徳川が内部化したわけである。そして、慶長六年には佐渡金山が徳川家の直轄となり、伏見に銀座が置かれ、丁銀、豆板銀の鋳造が始まった。

こうしてみると、家康が通貨発行権を手中に収めたのは関ヶ原以後ということになるが、秀吉存命中から、経済面の天下統一に向けた入念な準備がなされていた。

文禄四年（一五九五）、家康は「自領限りの通用」の金貨として武蔵墨書《ぼくしょ》小判の鋳造許可を豊臣秀吉に求めて実現させている。この時、秀吉の金銀貨を製造していた後藤家から養子の庄三郎を江戸に招いて小判製造に従事させたのが江戸の金座の始めとされる。つまり、通貨制度で見る限り、家康の将軍就任、江戸開府（一六〇三）よりも八年前には事実上、「開府」していたわけである。

ところで家康の通貨発行権の掌握に際して重要な役割を果たした後藤庄三郎は、家康のご落胤だったという説もある（鈴木二〇一〇）。それによれば、天下人家康は、武家の棟梁としての将軍職は徳川の世襲であることを公示するとともに、経済行為を統括する機能、言い換えると通貨発行権の確立、つまり現在の資本主義諸国における中央銀行に相当する金座の経営者には、意図的に自分の血筋のものを充てたわけである。足利将軍家出入りの金属鑑定および彫刻家であり、京都の有力町衆だった後藤家に、家康と血縁のある庄三郎を入れて、京都の有力町衆の名跡を借りて実現する方法を取ったのであった。

## 金・銀・銭の三貨制

江戸時代の貨幣経済の特徴は、金・銀・銭の三種類の貨幣がそれぞれ対等な本位貨幣として通用していたことにある。これが三貨制である。銭は全国的に通用していたが、東の金遣い・西の銀遣いという具合に、金・銀それぞれが本位貨幣として流通する地域が分かれていた。上方では「米一石につき銀〇〇匁〇〇分」という具合に商品の名称を最初にいったが、江戸では「金一両につき米〇〇石〇〇斗」と唱えた。これは金・銀の流通圏が分かれていたことにもよるが、金が定額計数貨幣、銀が秤量貨幣であったからでもある。

金・銀・銭の交換は変動相場制に基づいていた。そのため、江戸では銀相場が安い時（金高銀安）に上方に商品注文をするのが有利であり、逆に大坂では金相場の軟調時（金安銀高）に東国に売却すれば利益が多かった。

金・銀の流通圏の相違とともに、相良屋敷の築造のように財貨の種類によっても、金・銀・銭それぞれの通貨建てが成立していた。これが金極《きんぎめ》・銀極《ぎんぎめ》・銭極《ぜにぎめ》であった。金遣いの江戸でも、上等な茶、呉服、薬品、砂糖、塩、職人の賃銀などは銀建てだった。一方、吉原などの遊興費や、大名家の留守居たちが購入する書画・骨董といった高級贈答品は金建てで、庶民の日常品のほか、旅籠の宿泊料などは銭建てだった。

時期や季節によって取引貨幣が変わる場合もあった。江戸っ子が「女房を質に置く」ほど珍重した初鰹などは、走りの頃は金ないしは銀建てで売買された。ところが同じ鰹でも大量に市場に出回って、庶民の食卓に上る頃には銭で取引された。

このように、一つの物に対して金・銀・銭という異なった価値基準が、同時に成り立っていたのが江戸時代の貨幣経済の特徴だった。

## †貨幣経済を浸透させた天下普請

家康が通貨発行権を手中にしたことは、日本が本格的な貨幣経済の世の中になっていくきっかけになった。天下普請や江戸在府、さらに参勤交代は、大名たちに大きな財政負担を強いた。大名は領地からの年貢を換銀・換金して得た貨幣を、それらの支払いに費やす身の上になっていったのである。その結果、当時の米中心の経済、つまり現物である年貢を収入の拠り処にする武家の米本位経済は、しだいに貨幣経済に呑み込まれていった。

前節でも紹介した、相良家の江戸屋敷建設では、工事関係者の食糧を除くほとんどの工事経費が貨幣で支払われている。『慶長日記増補』(『東京市史稿』産業篇第三所収)によれば、慶長一六年（一六一一）の第二次天下普請の前段の江戸舟入堀の築造に際しては、江戸や関東の人々に現金（銭）が回って喜ばれた。五月のことであった。そして、「十八日　江戸御普請御急故人足百姓銭ヲ取リ悦フ」、『台徳院殿御実紀』（同）では「廿八日　営作所を親巡（秀忠）し給ふ。いよいよ経営を督責せらるゝがゆへに、人丁等雲霞の如くあつまり、土民利潤をよろこぶ事かぎりなし」といった具合で、各界各層に貨幣経済が浸透していく様子がみられる。この場合、労賃は銭で決済されている。なお、江戸時代以前は永楽銭などの流通もあったが、銭だけで商品流通が成り立っていたのではなく、米と銭が並んで用いられることもあった。たとえば天正一八年（一五九〇）、豊臣軍の北条氏攻略の一環として行われた忍城《おしじょう》（現・埼玉県）の城攻めの際には、軍兵一人の日給として、昼は永楽銭六〇文と米一升、夜は永楽銭一〇〇文と米一升が支給されている。

一方、慶長一七年（一六一二）には舟賃の制が定められた。「烙印せざる船に商物を積《つみ》のすべからず、渡船に積時、商物一駄に四十貫、京銭十銭たるべし、乗懸も馬人ともにおなじ、富士山参詣の道者も是にかはらず、たゞし歩人は五文たるべし、こたびかく船賃の定制を令せらるる後、往還のさはりなく船いたすべし」（『台徳院殿御実紀』）というものである。貨物や人の往来（輸送需要）が増えて、水運が盛んになったため、船賃を公定して、輸送の安定化を図ったのであった。なお、前年七月には、江戸・品川、江戸・板橋間の駄賃・駕の料金も定められている。輸送サービスを貨幣で買う時代になっていた。

さらに、石材も貨幣によって調達している。慶長一九年の江戸城石垣工事を命じられた播磨国姫路城主の池田利隆は、家臣に伊豆山の石材を購入させて江戸に船で運ばせている。なお、その任務にあたっていた浅山治左衛門という武士は、石材購入資金を横領して出奔、後日、成敗される結末になっている。

元和三年（一六一七）になると、角倉《すみのくら》与一（了以《りょうい》の子）が駿河国産の富士山の巨材を江戸城修築用に運んでいるが、特別な資材の調達には民間業者の力が欠かせなかったといえる。さらに元和四年、毛利氏は江戸城修築用の石材を献ずるに際して、石屋に注文した上で、賃船で輸送した。天下普請は民間事業者に依存していたのであった。専門業者が発達するほど需要が多く、貨幣で決済するのが前提になっていたともいえる。

寛永五年（一六二八）から寛永七年まで続いた第四次天下普請は、ほとんど貨幣経済に支配されており、親藩大名も重い負担を強いられていた。

そうした状況で、材木の横流しが発生したのは象徴的だった。この事件は、尾張国の徳川義直が命じられた江戸城台所の工事において、原田右衛門らの工事担当者が材木屋物兵衛と共謀して木曽産の巨材を横流し、転売したものである。

それは、材木のマーケットがあるから成立した事件であり、材木商を介して、売る者と買う者による流通ルートがあったことがうかがわれる。池田家の家臣が資金を持ち逃げしたことを紹介したが、単純な横領は、一五年後には資材横流しに発展する。この場合は「希有の大材」を惣兵衛が販売したことが目立ったので露見したともいえ、普通の材木なら見逃されていたかもしれない。資材は貨幣経済の中で取り引きされていたのであった。

　田安門の普請を命じられた越前国北庄《きたのしょう》（福井）の松平忠昌は、「金銀入候事不苦候之間、御普請之手廻油断有間敷候事」と「金に糸目をつけるな！　工事に油断するな！」と家臣に発破をかけている。貨幣経済にどっぷりと浸かっていたのである。工事関係者の動員は数千人にのぼった。そのような勢いであったためか、松平家では田安門の石垣用の巨石を引き上げるために、材木商を使って江戸中の材木を買い占めた。夥しい量の材木を敷いた上に巨石を滑らせながら運んだので、工事のスピードは上がり人夫も少なくて済んでいる。家康の次男・結城秀康の次男が忠昌だったが、兄の忠直が改易された後の北庄藩を継ぐことができたこともあって、その厚遇に忠誠心をアピールしたのかもしれない。

　ところが、同じ場所で工事を命じられた加藤清正の三男忠広は、そのあおりで満足に材木を調達することができず、人海戦術で対応せざるを得なくなった。効率が悪いので、死傷事故や家屋の破損事故も多く、松平家に比べて工事の進行が大きく遅れた。コストもかかって「加藤家の身上を潰した」とまで松平側に書かれる始末で、築城の名人の後継者としては散々な結果となった。なお、忠広は寛永九年（一六三二）に改易されている。天下普請をめぐって、大名どうしの激しい競争があり、その競争も市場を使った買占めという「カネ」で解決されるような時代になっていたのであった。

こうなると、天下普請を命じられた大名の財政負担は膨大になる。伊達政宗の場合、京都・江戸に八〇〇〇両の借財が発生するに至っている。

しかし、お金が使われれば使われるほど、経済は刺激される。「有効需要」が次々と生まれることによって、全国から大坂に集まる物資を江戸に送り出すという当時の物資の流れが確立していった。それが列島規模の水運・物流網を発達させ、全国の富が江戸に集中するようになり、将軍お膝元の江戸は、巨大な消費都市になっていった。

一方、家康による統一通貨の発行は、戦国時代までの日本の経済が大陸からの影響を陰に陽に受けていた構造を改めて、経済面での日本の独立性を高めたのであった。それまでの日本では、宋や明で作られた銭が広く流通していたのである。ただし、江戸時代の統一銭（銅貨）である寛永通宝が初めて発行されたのは寛永一三年（一六三六）であった。

歴史的な観点からすれば、貨幣経済の発達と日本の経済的な独立性の強化は、資本主義的な経済システムを定着させるだけではなくて、二六〇年間の安定した成長の時代が続いた理由の一つであった。

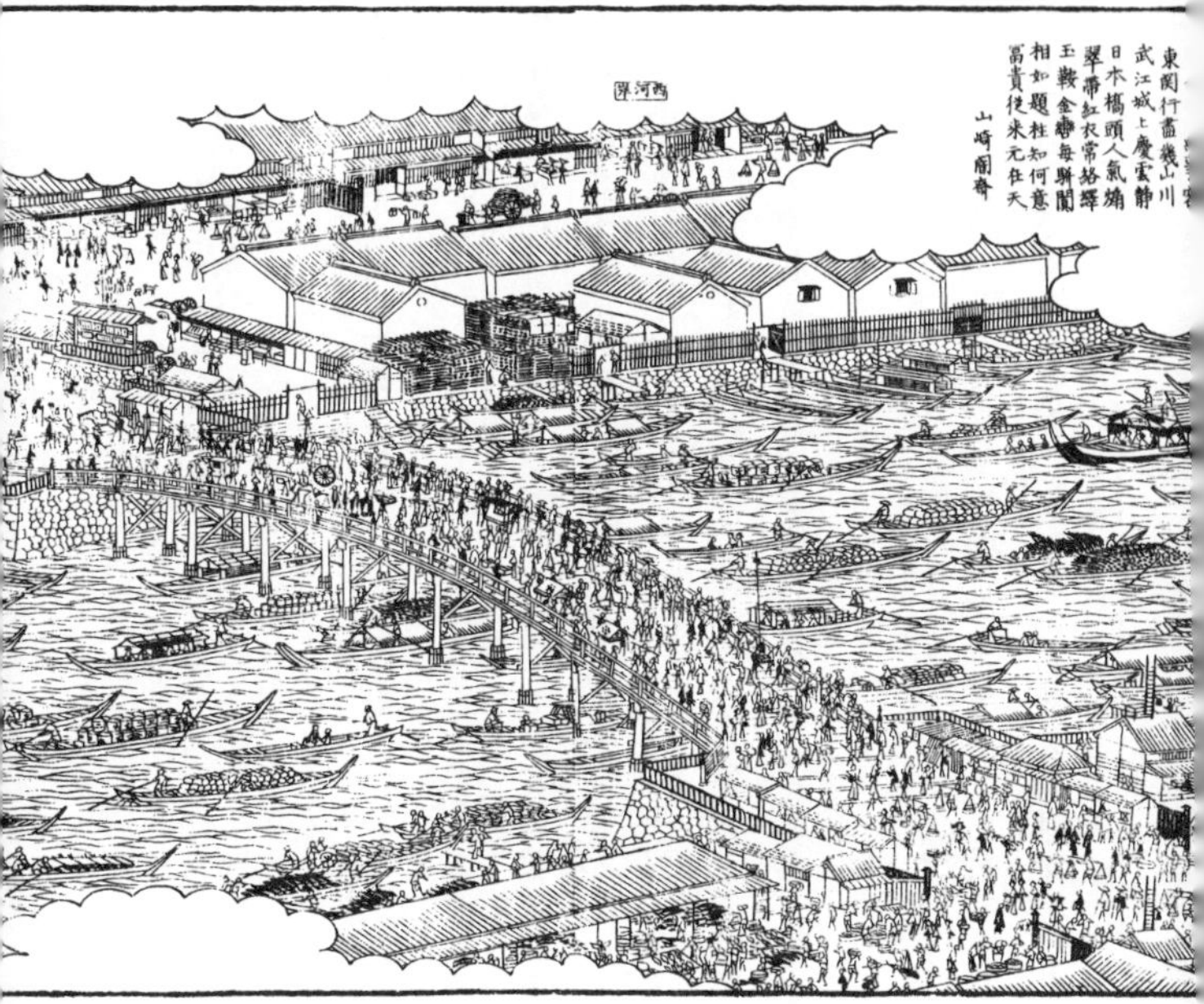


第4章

# 幕府の体制固め――水運網と支配システム

大消費地・江戸を支えた経済の心臓部。貨物を満載した舟が水面を埋め尽くし、橋は通行人や荷車でラッシュ状態。高札場の右手には船着き場を備えた倉庫群が続いている。「江戸名所図会」より日本橋。

## 1　水運で結ぶ多極型国土

### †発展を支えた「ソフト面のインフラ」

第2章では、家康の江戸入府以後の江戸建設、第3章では、それがもたらした経済への作用などを描いてきた。しかし、江戸での天下普請や市街地建設が進んだのは、物流とともに、社会や経済の仕組みが同時進行の形で整っていったからであった。ハードを整備するには、それに見合った「ソフト面のインフラストラクチャ」と言えるものの充実が必要であり、両者はそれぞれ影響し合いながら進化を遂げていったのである。そこで、この章では、大規模な普請や経済発展を可能にした社会・経済的な仕組み＝ソフトの側面に焦点をあてていく。

たとえば、城下町・江戸を物理的に支えていた全国規模の海運網ひとつをみても、運河や水路、船舶、港湾といった物流施設はハード系であり、かつ、当時の最先端のテクノロジーの結晶でもあったが、廻船を運行する水運業者や荷主、問屋たちの取引活動から編み出された海運の運営ノウハウをはじめ、それに関係する商慣行、決済手段、保険などは

「ソフト面のインフラストラクチャ」であった。しかも、それらは当時の市場に適用されるルールでもあった。そこでは、港湾施設が整備されたがゆえに水運業者や問屋などの集積が進んだ面と、ソフトとしての輸送需要の増加がハードである港湾の拡大につながった面の双方があって、両者は相互に関係していた。

天下普請における大名直営という初期の輸送形態は、運賃によって海運サービスを購入する形になり、さらに上方・江戸間の輸送の増大によって菱垣・樽廻船組織に発展した。このプロセスの中で、海上輸送の仕組みも修正されながら整っていったのである。

一方、天下普請の継続や参勤交代の制度的な完成によって大名支配は盤石になっていったが、朝廷を含む公家や、戦国時代までは強大な力を持っていた寺社に対する支配も強化された。そうした幕府の全国支配の盤石化は徳川政権を維持する上での基盤になるのと同時に、江戸へのヒト・モノ・カネ・情報の集積を高めた。江戸が消費市場として発展するにつれ、江戸に物資を供給する大坂や、大坂に荷物を送り出す諸国の経済も成り立たない時代になっていった。

こうしてみると、幕藩社会や当時の市場＝マーケット自体も、テクノロジーの発展や社会に適用されるルールの整備に影響されながら進化を続けたといえるだろう。同時に、社会や経済の変化に伴って、そこで適用されるルールもまた修正を重ねたのであった。

江戸の建築物の多くは明暦大火によって灰燼に帰した。しかし、江戸は衰退するどころか、ごく短期間で再建され、しかも、隅田川東岸まで拡大した市街地や、牛込や神楽坂などの内陸部にも商業機能が進出している。江戸は空間的に大きくなっただけではなくて、拡大した部分も都市の諸機能を備えた場所になっていったのであった。

それは、明暦大火の復興需要が経済を大いに刺激したことや、大火前の江戸の都心部が過密化していたからだけではない。全国の富の相当部分をつぎ込んだ江戸が灰になっても、それまでに確立されていた経済と統治のシステム、つまりソフト面のインフラの確立によって、江戸には絶えずヒト・モノ・カネが流れ込む構造になっていたからであった。

### ✝天下普請と水運

家康が臨海部の江戸を本拠にしたのは、当時唯一の大量かつ長距離輸送の手段であった海運と、江戸の広大な後背地である利根川流域の水運の双方を利用するためだった。そして、約七〇年間にわたって江戸で続いた天下普請は、水運による物流網を急速に進化させた。江戸市街の運河網や江戸と日本各地を結ぶ海運網の発達は、全国規模の商品流通の基盤となり、江戸時代の経済を支えるインフラとして定着していった。

当時の水運網の発達は天下統一の段階と重なり合っている。織田信長は琵琶湖や淀川水運を基盤にして安土に本拠を置き、豊臣秀吉はこれに加えて瀬戸内水運も支配して大坂に君臨した。そして、江戸を本拠地にして全国水運ネットワークを確立した家康というように、統一された「天下」はそれを含む水運網の範囲と一致する。

秀吉の天下普請による大坂城築城では、小豆島産の石垣用石材が瀬戸内水運で輸送されたと述べたが、伏見城の天下普請では、秋田、津軽、戸沢、本堂、小野寺氏などの北東北の大名が杉材の伐採、製材、輸送を命じられ、能代や土崎から敦賀に廻漕している。そのことは、北東北が日本海海運を通じて上方の商品流通圏に入ったこと（長谷川一九九四）の象徴であった。また、津軽の太閤蔵入地《くらいりち》（直轄地）から得られた豊臣氏の蔵米《くらまい》二二〇〇石の売却と輸送を請け負った若狭国小浜の豪商組屋《くみや》は、蔵米を南部で売却し、残りを若狭小浜に廻漕している。当時の一〇〇石あたりの米相場は、津軽では四両、南部が一〇両、小浜が一四両と、地域間の落差が大きかったので、米の輸送手段を持つ者にとっては差益稼ぎのチャンスになった。組屋は一八〇〇石を津軽よりも二・五倍も相場の高い南部で売却し、残り四〇〇石を津軽より三・五倍高い小浜で売却している。全部を小浜まで輸送せずに八割強を南部で売却したのは、輸送コストをかけるよりも有利だったからだろう。なお、この差益は秀吉と組屋の折半となっており、秀吉による海運業者の育成あるいは系列化の意味もあった（小和田二〇一二）。

さらに秀吉の朝鮮出兵に際しては、加賀の前田利家は日本海海運を駆使して、兵糧・武器・肥前名護屋城の建築資材を輸送している。こうした日本海側の海運ルートは津軽地方や蝦夷地から関門海峡や九州北部までの日本海沿岸を結ぶもので、後の北前船の航路に相当する。それが関門海峡から瀬戸内海に廻って大坂に至ると、西廻り廻船航路となった。

秀吉の天下普請で展開された瀬戸内海や日本海における輸送・流通の方式は、江戸の天下普請でも踏襲され、相模湾や江戸湾に拡大された。第3章で述べた石材や材木に限らず、御手伝大名は動員した家来や土木作業員に支給する食料＝米なども領国から運んだが、それも全国的な水運網が発達する条件となった。さらに文禄・慶長の役は、水運によって兵員や軍需物資を短期間で大量に輸送するノウハウを日本人に蓄積させた。それらの諸条件が重なって、江戸に向けた建築資材の大量調達と輸送が可能になったのであった。

とりわけ、第一次天下普請において石船三〇〇〇艘の建造とその運用がスムーズに行われた背景には、それに対応できるだけの造船能力と多数の船員の存在があったことを物語っている。家康に命じられてから物資や輸送の準備などを一から始めたのではなく、それ以前から天下普請に対応できるような物資調達や輸送システムが育っていたのであった。

このように、天下普請が既存の水運システムの上に成り立っていた一方で、大規模な普請によって輸送需要が高まり、従来の伊勢湾と江戸湾を結ぶ輸送能力を大幅に上回る形で、海運がさらに発展していった。

第3章でも紹介したように、天下普請のステージが進むにしたがって、普請を命じられた大名が手船＝大名の直営で石材などを運ぶ形態から、運賃を支払う輸送にシフトしている。天下普請の当初から材木業者や石材業者が集められていたように、資材の運搬についても専門の海運業者が活用されていた。この民間ベースの傭船・賃船による輸送が、採算の取れるビジネスになり、後年、定期航路としての菱垣廻船や樽廻船につながっていった。

ただし、菱垣・樽廻船が運賃収入で成り立っていたのに対して、北前船などの日本海沿岸の廻船は「買積船《かいづみふね》」が中心であった。買積船とは船主が自己資本で積荷を買って船に積み、適当な相手に売るもので、商品の仕入額と売却額の差益を獲得するビジネスである。海運業者の経営形態としては、両者は大きく異なっていた。北前船の主な船荷は、海産物では俵物三品と呼ばれた鱶鰭《ふかひれ》・干鮑《ほしあわび》・煎海鼠《いりなまこ》のほか蝦夷地の昆布や鰊《にしん》肥料、秋田の阿仁《あに》鉱山の金・銀・銅などの鉱産物であった。

ここで買積船の例を紹介すると、延宝八年（一六八〇）に、近江商人の積荷を賃送する荷所船《にどこぶね》の船主となった越前国河野浦《こうのうら》（福井県南越前町）の右近家（図表4-1）は、天明期から寛政期にかけて買積船にも進出、幕末には一一艘の北前船を所有し、「日本海五大船主」に数えられたほか、明治期には、現在の損保ジャパン日本興亜の前身である日本海上

図表4－1　河野浦の右近家

保険を設立している。商機をとらえる才覚と危険負担は不可欠ではあったが、差益を求めるビジネスの儲けが大きかったからこそ、右近家は買積船に参入したのであった。あるいは、リスクを取れるだけに成長したから参入が可能だった可能性もある。右近家の買積船は、酒・塩・木綿・紙などを大坂・瀬戸内で、縄・筵を小浜湊や敦賀湊で、新潟湊や酒井湊では米を仕入れ、それらを蝦夷・松前で売却した。一方、松前では鰊肥料を仕入れて本州で販売して、それぞれで差益を獲得していた。各地の船問屋から相場情報を大量に入手しながら、商況や価格差を判断して廻漕・仕入れ・販売を展開していたのであった。

## †関東地方の水運網

家康の江戸入り直後に造られた小名木川運河は、戦略物資である塩を産出する行徳と江戸を結ぶとともに、関東地方の水運と全国の海運を結合させた。その後、江戸での天下普請が本格化すると、普請を命じられた東北の大名たちは持ち船で米や資材を江戸に運んだ。

これが後年、東廻り航路の開設に結びつくが、その支援のために慶長一四年(一六〇九)、東北地方と江戸の中継地点である銚子湊の築港工事を彼等に命じている。

さらに、第二章でも触れたが、元和二年(一六一六)の日光東照宮造営の天下普請を契機に、利根川の川普請が天下普請として施工され、江戸と日光が水路で結ばれた。川普請とは、運河や河岸の築造や治水工事のことである。この御手伝大名には西国大名ではなく、本多正純(宇都宮)、日根野吉明(壬生)、小笠原政信(関宿)など利根川流域に領地を持つ譜代大名が主に充てられた。その結果、関東地方の水運網の整備が急速に進んだ。

銚子築港が東北の大名に命じられたのは、東北地方の太平洋沿岸地域の物資を江戸に運ぶためだったが、那珂湊または銚子湊から北浦・霞ヶ浦を経て、大小の河川づたいに江戸に至るコースも成立した。これが「内川廻し」または「奥川廻し」と呼ばれた河川水運である。当初、このルートには、鬼怒川水系と利根川水系の間に分水嶺の微高地があり、一部は陸路となっていたが、後述のように「風待ち」があって航行予定が不確実な太平洋経由よりも有利な側面があった。この陸路部分の水路化が利根川の「瀬替え」だが、家康の江戸入り当時の利根川は江戸湾に流入し、銚子は鬼怒川の河口となっていたのである。利根川の瀬替えは、現在の千葉県野田市関宿付近で利根川を鬼怒川の支流の常陸川に分流させる工事で、寛永一〇年(一六三三)と同一二年に天下普請として施工された。

利根川河口を東京湾から銚子に付け替えた目的は、江戸の洪水防止のためだと説明されることが多いが、実は、利根川と鬼怒川を一体化させて関東地方の水運網を完成させるものであった。瀬替えの結果、関東圏の経済的な結びつきが強まり、江戸や関東を中心とする「地廻り経済」の発達につながっていった。なお、瀬替え以前の江戸は、現在の江東地区に相当する範囲を除けば、利根川による直接の水害は及ばない地域であった。

## †廻船組織の成立

元和五年(一六一九)、上方の中心地である大坂と、新興都市江戸を定期的かつ商業的に結ぶ民営の菱垣廻船組織が成立した。その後、それに対抗する形で同じく民営の樽廻船組織もでき、両者は明治になるまで競争を続けた。民営の二つの廻船組織が互いに競争しながら両立できるだけの輸送需要が、上方と江戸の間に生まれていたのである。この菱垣、樽廻船は運賃収入を目的とした運輸業者で、北前船が海外に運送せずに大坂に持ち込んだ貨物や、畿内・西国から集荷した物資を江戸に輸送して運賃を取った。

一方、太平洋沿岸の東北地方から江戸に向かう流通が盛んになると、大名直営よりも民間輸送が有利となり、河村瑞賢《ずいけん》により、東廻り廻船組織が寛文年間(一六六一～七三)に成立した。この航路は、従来の日本海ルートを津軽海峡から太平洋岸に延長するもので、

図表4－2　日本列島を一周する航路

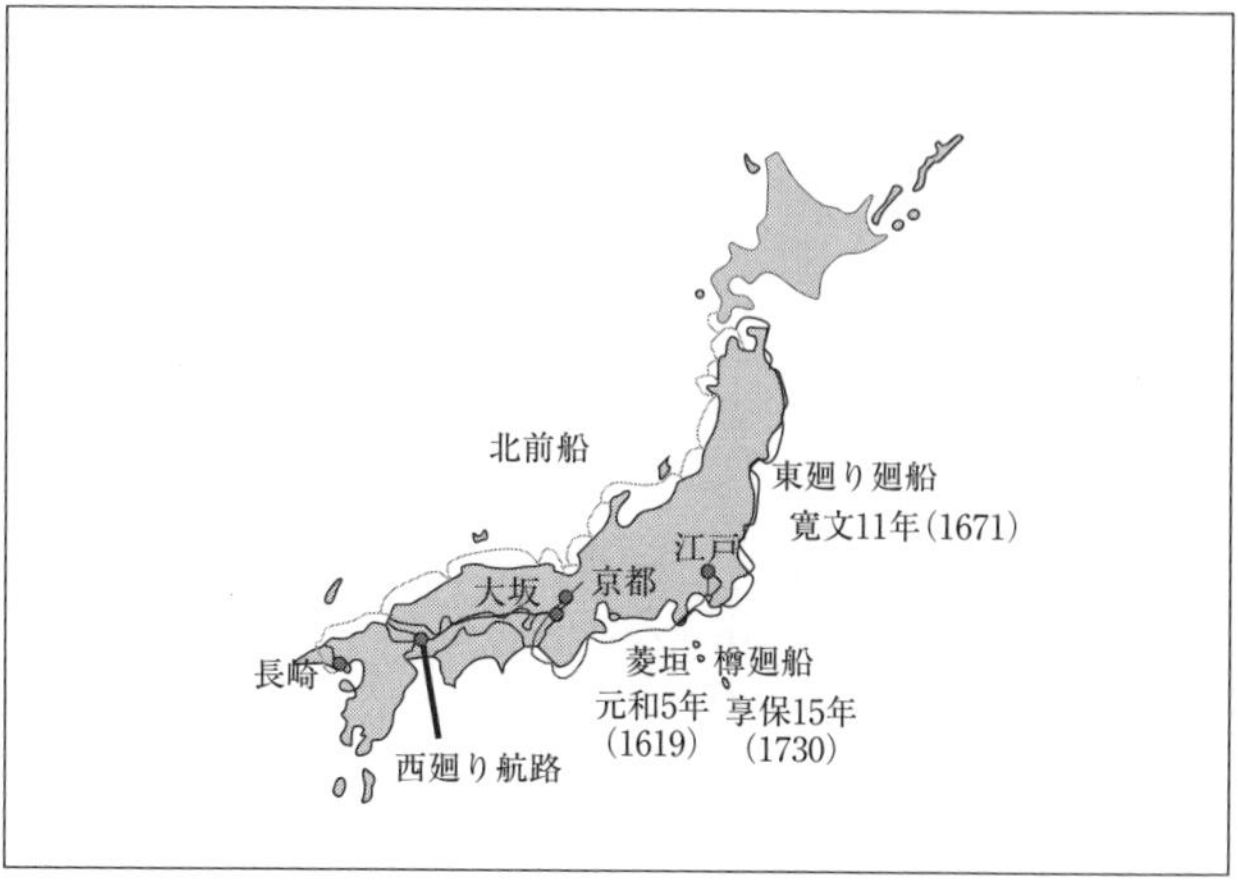


下北半島を南下し、三陸沖―仙台―那珂湊―鹿島灘―房総半島を経て伊豆下田に入り、下田で風待ちをした後、江戸湾に入る定期航路である。当時の帆船航海では、房総半島をまわって直接江戸湾に乗り入れることが困難だったため、風待ちが必要だった。

この東廻り廻船が、当時の経済先進地域で成立していた北前船や西廻り廻船、瀬戸内水運、新興の菱垣・樽廻船に加わって、日本列島を一周する定期商業航路が初めて完成したのであった（図表4－2）。

水運網や廻船航路の発達は、江戸をはじめ全国で行われた天下普請と表裏一体で進んだ。江戸を含む全国で経済の成長が続いたのは、〝有効需要〟としての天下普請と、全国規模の水運網の完成が相互作用したためであった。

## †水運網と御三家の配置

話は前後するが、江戸への物資輸送ルートは、海・陸を問わず、徳川氏にとっては戦略的に重要だった。それゆえ、慶長五年（一六〇〇）に関ヶ原の合戦に勝利すると、家康は五街道の整備や宿駅制度を定めるとともに、四男・松平忠吉《ただよし》を清洲に五二万石で入封させ、尾張や美濃などを領地として与えた。しかし、嗣子《しし》がないまま忠吉が死去すると、その領地は家康の直轄にされた。慶長一二年になって家康の九男義直《よしなお》が四七万石余で入封して尾州徳川家が成立するが、ほどなく新築の名古屋城に移転させた。また、駿府をはじめ東海道に沿った地域のほとんどが家康の直轄地や、有力な譜代大名の領地になった一方で、江戸の西方に隣接する甲斐国の浅野氏は紀州に転封させられている。

つまり、関ヶ原の戦勝直後から、名古屋を含む東海道筋を徳川氏が固めたのであった。東海道と中仙道が通り、大坂方に備えるには戦略的に重要な土地だったからである。天下普請によって大規模な名古屋城を新築したのも、そうした文脈上にあった。それに加えて、太平洋沿岸諸国を事実上直轄化して、陸上とともに海上交通の大動脈を押さえたことは、廻船航路の安定に大いに寄与したはずであった。

しかも、『円覚寺文書』にもあるように、尾張国は木曽地方などからの木材の集散地であった。木材の主要産地であった木曽地方は関ヶ原の合戦直後から家康の直轄地となり、元和元年（一六一五）には尾州徳川家の領地になった。天下普請の最盛期でもあった寛永一七年（一六四〇）頃には、信濃国・美濃国も含む広大な範囲の木曽地方から大量の木材が搬出されたとされている。つまり、戦略物資である材木の産地と供給ルートが、徳川氏によって事実上独占され、それが伊勢湾経由で江戸に運ばれたのであった。

一方、家康一〇子の頼宣《よりのぶ》が紀伊国と伊勢国の南部、大和国の一部に封じられて紀州徳川家が成立したのは、元和五年（一六一九）であった。安芸国の福島正則の改易に伴い、浅野氏を広島に移した後に頼宣を配したのである。この場所は、京都の朝廷や伊勢神宮、高野山、四国地方に睨みを利かすには地の利を得た場所であった。しかも、豊富な山林資源を有し、紀ノ川や熊野川といった大きな河川のほか、紀伊山地を水源とする中小河川の大半が紀伊国で太平洋に注ぐために、山間部で伐採された材木は紀州のどこかに集積される。

そこを徳川氏が事実上直轄化したことは、江戸での天下普請の進展に応じた側面もあり、元和六年（一六二〇）から始まる第三次以降の天下普請と同時期になっている。もちろん、関西方面への木材供給にも有利な場所だった。ちなみに江戸時代を通じて紀州は木材の産地としての地位を保ち、寛政六年（一七九四）には、大和国十津川から熊野周辺で産出される材木を取り扱う「熊野問屋」が江戸で設立されている。

一方、紀伊国の大きな地理的特徴は、太平洋に面する長大な海岸線を有する点にある。それゆえ、天下普請のステージが進むにしたがって船舶往来が活発化し、緊急時の避難先ひとつをとってみても、紀伊半島沿岸の航海の安全確保は重要になっていたはずであった。

また、元和八年(一六二二)には有力な在地土豪たちを支配下に組み入れているように、頼宣の入封直後の紀州徳川家の主要な事業は、いまだ点在する在郷の武装勢力の戦闘力を封じて、臣従させる点にあった。

つまり、紀伊国と伊勢国の「直轄化」は、近畿・四国地方の安定化とともに、天下普請のための資材供給と、大坂と江戸を結ぶ水運ルートの安定・安全の確保に貢献した。また、航海や水上交通に手慣れていた沿岸諸浦の関係者を、廻船業者に再編することも期待できた。

### †三都と長崎の機能分担

江戸時代の日本経済は、幕府が直轄都市にした大坂、京都、江戸の「三都」の異なる機能が、水運網や道路網で結びつけられ、ネットワーク化された上に成り立っていた。それに加えて、輸入品は「鎖国」によって確立された幕府の独占体制の下で、直轄都市の長崎を窓口にして国内に流通した。なお、「鎖国」という呼び方は、幕府の対外政策を言い表す表現として、主に明治以降に普及したもので、ごく一部の例外を除き江戸時代には「鎖国」とは呼ばれていない。後で触れるように、鎖国政策の目的には、国内支配体制の強化とともに貿易利益の独占という要素も含まれていたのである。

大坂は、当時から「天下の台所」と呼ばれ、全国規模の集散市場として機能していた。大名領を含む全国の生産地から物資が大坂に集まり、そこで貨幣上の価値が創造されたのである。大名の領国経営は将軍から委任されていたので、具体的な領国運営は幕府の直接的な支配からは独立した形をとっていた。それゆえ大名は、領国で取り立てた年貢や諸産品などを自らの責任で換金ないし換銀しなくてはならなかった。この換金銀を行う場は、民間ベースで運営される市場であり、とりわけ大坂の役割が大きかった。

江戸と大坂を中心とした為替取引が発達したのも、天下普請や参勤交代による江戸での貨幣需要と、全国の大名領の産物が大坂で換金銀されたことによる。大坂商人が江戸商人に対して持つ金銭債権を、大坂商人から大名への融資に充当して、江戸から大坂への現金輸送を為替で決済することも広く行われていた（図表4-3）。

また大坂では、近郊で生産された一次産品を原材料にした木綿織物業や絞油業といった製造業も発達したが、木綿や菜種栽培の肥料として、九十九里浜で生産された干鰯《ほしか》が消費

図表4－3　江戸為替の流れ

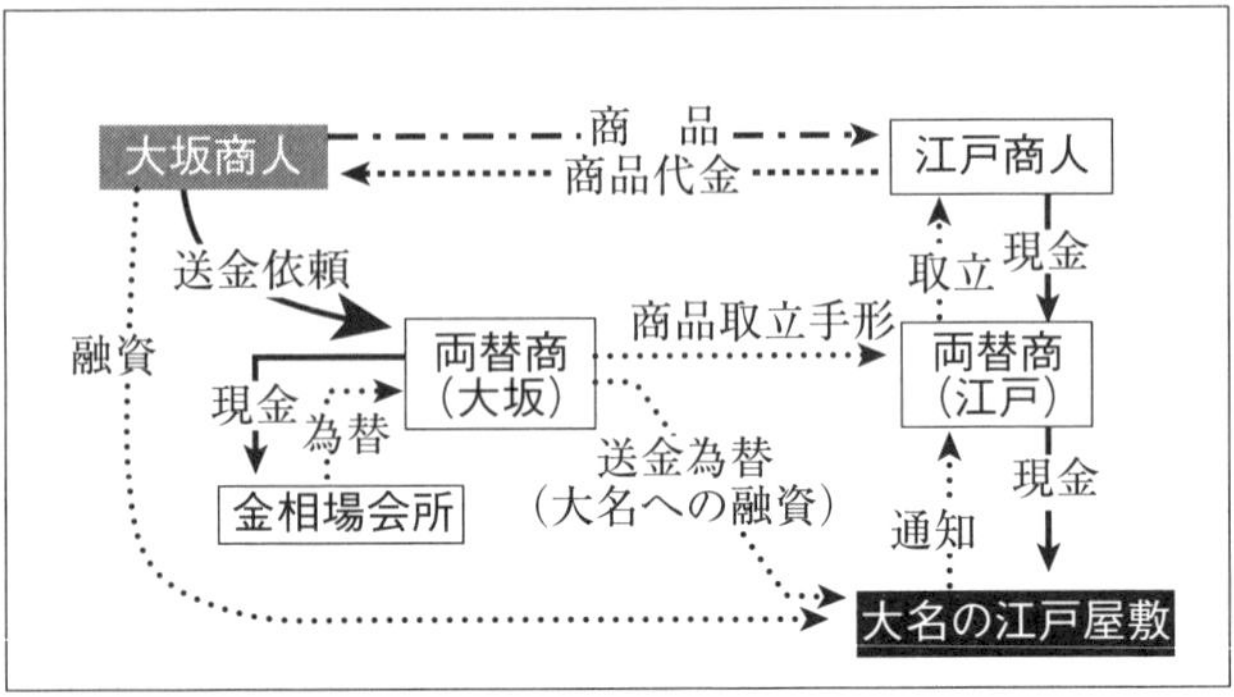


されていた。江戸時代の初めの頃から、大坂から江戸に木綿製品や燈油（菜種油）を航送し、江戸に集荷された干鰯を大坂に運ぶという双方向の海上輸送が成り立っていた。

京都は、研究開発を含む工業都市であった。江戸では上方で生産された「下りもの」への需要が高く、江戸や東国で生産された地廻り物は「下らないもの」とされた。京都の商工業者が扱った商品には「下りもの」よりも高いブランド価値が生じたのである。たとえば、絹織物、工芸品や美術品、清酒などの生産・流通では「京都ブランド」の価値は大きかった。また、江戸時代中期には、西陣織の技術は桐生などに伝えられるなど、京都は当時の最先端の「工業都市」であった。

江戸は全国一の消費都市として発展した。将軍をはじめとする幕臣や、参勤交代で江戸に集まる大名

図表4-4　三都と長崎の機能分担

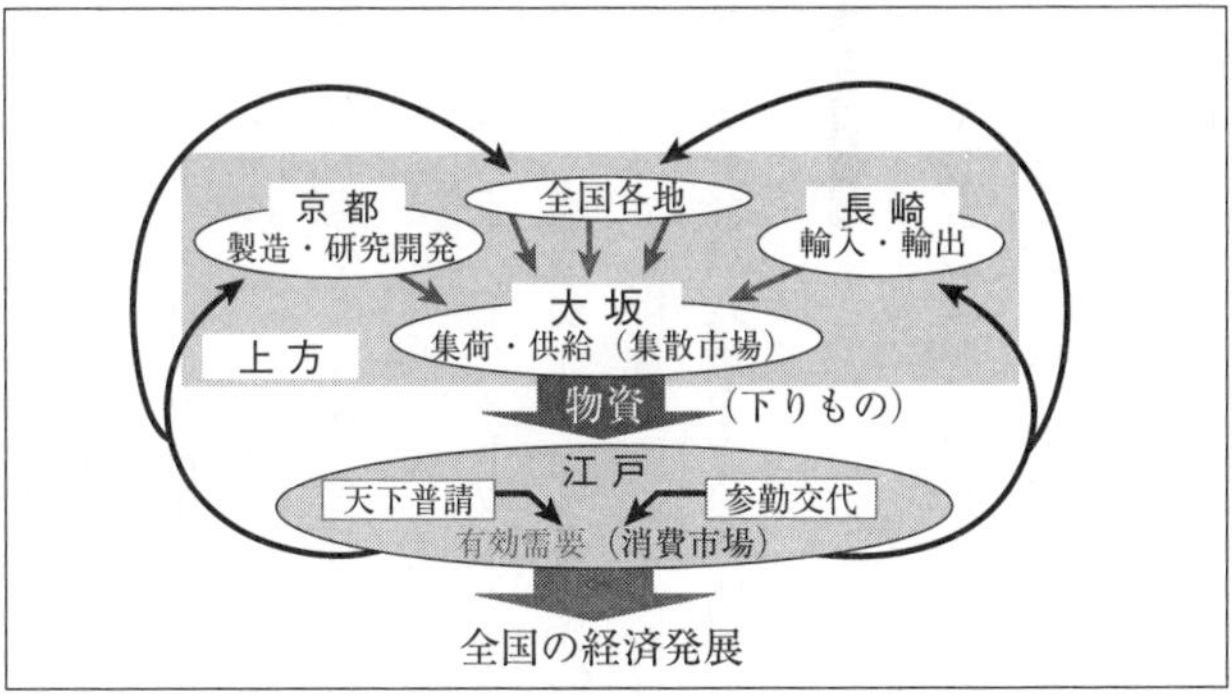


やその家臣は大きな消費需要をもたらしたからである。大名の正夫人と嗣子はすべて江戸に在府することが強いられていたため、女性用の高級衣料や化粧品の需要の大部分も江戸に集中した。それゆえ江戸の商工業の多くは、上方を含む全国から物資を受け入れて、それらを将軍や幕臣、大名やその奥向に販売することで成り立っていた。

長崎は、「鎖国」の時代となる以前から海外貿易の窓口であった。長崎貿易での最も重要な輸入品は白糸《しらいと》と呼ばれた明・清国産の生糸で、この生糸や絹織物を衣装類に加工する主な場所が京都であった。安土桃山文化に見られる絢爛豪華な衣装類の原料は輸入生糸であり、この衣装類の需要は、江戸時代になると将軍や大名の後宮の女性、裕福な町人階級によってさらに高まった。そのため江戸時代の前半には、生糸や絹織物の輸入に伴って国内の金銀が大量に流出している。尾形光琳《こうりん》の豪華な絵画や屛風なども、輸入した白糸や錦を国内で販売したアガリが化けているのであった。それが幕末には主要輸出品になって、明治以降の日本の近代化を支えるようになっている。

このように、それぞれ異なる経済機能を持っていた「三都」と長崎が幕府直轄地とされたことは、幕府が生産、流通、価格付け、消費に加えて輸出入という生産・流通の急所を押さえたことを意味していた。そして、それらの機能を全国経済の中で分担させ、水運網や道路網によってネットワーク化したことによって、需要の創造とインフラ整備がスパイラルに続く構造が作り出された（図表4-4）。現代の経営でいえば、価値連鎖の上・中・下流のすべてを影響下に置いたわけである。これは、全国の富の流れに対して、幕府のコントロールや経済政策を直接・間接に行き渡らせるにも好都合であった。

### †家康と海外貿易

信長や秀吉のほかに、特に西国の戦国大名は大きな利益をもたらす海外貿易に積極的だった。家康も、天下人になる前から交易に力を入れていた。秀吉は、文禄元年（一五九二）と慶長二年（一五九七）、朝鮮に出兵したが、戦況が膠着化したところで没した。家康はその直後に朝鮮と講和を結び、出兵していた諸大名の兵を無事に撤退させている。家康は関ヶ原の勝利以前に、すでに豊臣政権の重臣として対外交渉の実質的な主管者となっていたのであった。海外通商についての朱印状（渡海朱印状と来航許可朱印状）の発行権限も掌握していたほか、豊後に漂着したオランダ船の航海士ウィリアム・アダムスやヤン・ヨーステンを関ヶ原の合戦直前に大坂城で引見し、後に外交顧問や砲術顧問にしている。

家康は慶長一〇年（一六〇五）四月、将軍職を秀忠に譲って国内政治を任せるとともに、将軍が徳川氏の世襲であることを宣言し、自らは駿府に移り、大御所として渡海朱印状による海外貿易に精力的に取り組んだ。

家康は多くの渡海朱印状を発行したが、その相手には町人・武士といった身分、性別、日本人と外国人の区別さえなく、確実に利益をもたらす者を選んでいる。町人や家臣のほか、肥大化を警戒していたはずの外様大名にも発行した。天下普請による外様大名の財政負担を補填させて、次の普請の施工能力を蓄えさせる目的があったとみられる。

朱印貿易の輸出品は銅、鉄などの鉱物資源、扇子、傘、食器類といった手工業による雑貨類、主な輸入品は絹糸・絹織物・南蛮鉄などである。ところが絹製品の輸入のために日本からの金・銀の流出が増えて、「貿易赤字」が拡大した。

来航許可朱印状の相手には、慶長一四年（一六〇九）のオランダ国王やゴア使節、慶長一八年（一六一三）のイギリス国王などがある。断交していた朝鮮貿易も慶長一二年（一六〇七）に復活し、寛永元年（一六二四）と明暦元年（一六五五）以降は将軍の代替わりの際に朝鮮通信使が江戸に参府する形態が整えられた。

朱印貿易への積極性を反映して、慶長一六年（一六一一）九月には、老中の連署で「蛮船入津の制」が通達され、ほとんど無制限で外国船の来航を奨励している。ところが、寛永八年（一六三一）になると朱印船貿易には朱印状のほか老中が長崎奉行にあてた奉書が必要となった。これを奉書船貿易といった。そこにはキリシタンへの規制強化と幕府の貿易利益の独占方針が影響していた。

## †発展の条件——地域差の調整手段の登場

戦国時代から江戸時代初頭の世界は「大航海時代」と呼ばれ、アラビア人、インド人、明国人が地中海からインド洋、東シナ海に至る広い範囲で活躍していた世界に、ヨーロッパ人が進出してその覇権を確立した時代であった（飯塚一九七五）。

当時の貿易は、異なる地域の物資を別な地域に運んで、その珍奇性や希少価値を高めて、仕入と販売の差益収益を実現する世界であった。この差益収益は、経済資源の地域的な偏在や非対称性に由来するので、産地では一般的な品物でも、他の地域に輸送すれば珍重され高価で販売できるケースも多かった。この時代、日本を含む東アジアや東南アジアのモンスーン地帯には多様な地域性が形成されており、そこで生じる資源の非対称性を、交易などを通じて調整できれば収益を獲得できたのであった。室町時代の勘合貿易や倭寇にもみられるとおり、当時の日本人は外洋船を建造して海外に進出しており、国内に技術と社会システムの両面にわたる地域差の調整手段が確立していたのであった。それが、日本人も大航海時代に活発な交易活動を展開していた背景にあった。

技術的な側面とは物理的なもので、琵琶湖水運や瀬戸内水運を発展させる形で徳川政権が日本列島規模の水運網を確立したことや、五街道に代表される道路網の整備があげられる。しかも、戦国時代から江戸時代の初期は技術革新（イノベーション）の時代であった。

たとえば、戦国大名による海外貿易や信長の鉄板船に見られる造船技術の発達、兵糧や兵員・武器弾薬、天下普請のための資材運搬などを契機にして、廻船による輸送も成長していた。城郭築造技術などの戦国時代から蓄積されてきた土木技術は、運河網の整備や治水・利水技術といった民生転換の可能性を持った技術として定着していた。穴太衆《あのうしゅう》を使った安土城の石垣築造、秀吉による備中高松城や武州忍城の水攻め、加藤清正の熊本城築城などは、戦国時代の土木技術の粋を集めたもので、当時としては最先端のものであった。戦国時代末期から江戸時代の初期にかけての大坂城や江戸城などが軟弱地盤の沖積地に建築できたのも土木技術の発達によるものである。しかも、穴生衆や国友藤兵衛などの国産の鉄炮《てっぽう》鍛冶の成立にみられるように、軍需は技術革新とともに専門業者を成り立たせるだけの需要を創り出していた。

しかも、戦国大名による「富国強兵」を重視した領国経営もあって、日本各地には特産品や独特の技術など、それぞれの地域に特有な経済的資源も育っていた。大航海時代は、戦国大名がそれぞれの領国の富国強兵に力を注ぐ時代と重なっていた。

土佐の長宗我部元親は木材、漆、桑、綿の生産を奨励して領外に販売し、上杉謙信も特産の青苧《あおそ》で織った「越後《えちご》上布《じょうふ》」や、それを積み出した直江津や柏崎での関税を大きな財源にしていた。武田信玄は金山の開発にも積極的だったが、治水工事によって領内の農業生産力を高めている。甲府盆地を流れる御勅使《みだい》川の上流などに堤防を築いて川筋を変えて、洪水の常襲地域であった御勅使川と釜無川の合流部分を浸水の危険の少ない耕地にしている。これは「信玄堤」の一つであるが、この工事によって甲斐国の耕地面積は大きく拡大し、農業生産力の向上による国力＝軍事力の増強を実現している（小和田二〇一二）。ただし、治水工事による農地拡大は信玄の専売特許ではなく、領内の農業生産に依存する戦国大名には基本的な「富国強兵」の方法であった。

それが江戸時代になると、戦時から平時への移行に伴う形で、そうしたイノベーションを経済的資源の偏りを調整するための物理的手段＝水運・道路・情報網の整備に振り向けることができるようになったのであった。

　一方、社会システムに関しては、地域差の調整行為としての経済活動への参加者に、共通して適用され、かつ、信頼され、承認されたルールが確立されていった。とりわけ、家康による通貨発行権の掌握は決定的な影響を及ぼした。社会的な信用に裏打ちされた貨幣によって、財やサービスの交換・取引が可能となったからである。その結果、天下普請とも相まって貨幣経済が急速に浸透したのであった。

　また、堺の町衆による都市経営や、楽市楽座のような商工業者の自治的な活動の蓄積は、江戸時代になると、さまざまな市場の運営ルールの確立をもたらした。それらは後に、問屋株仲間などの同業者団体を通じた取引ルールの管理などに発展してくのである。

　つまり、非対称性の存在、技術発展、統一政権に由来する制度的枠組みの三要素のベストミックスが成立したのが江戸時代であった。地域間の経済的資源のアンバランス、その調整技術、調整の場に対する信頼性、の三要素は市場取引の成立のための条件であり、その相互関係によって経済が発展したのであった。

## 2 支配システム完成の時代

### †キリシタン取締と幕府の体制固め

江戸城と城下町の建設が本格化した時代は、幕府権力の強化の時代であった。ハードとしての城郭や都市づくりと並行して、大名はもとより朝廷や公家、寺社に対する統制がキリシタン禁制とともに制度として進化し、幕藩体制を基礎づけるソフト面の諸制度が完成していった。武家諸法度や諸士法度といった諸大名や譜代家臣に対する統制システムが完成していくのも、およそ天下普請の時代から天和期（一六八一～八四）にかけてであった。

このハードとソフトは相互に関連していた。徳川政権の基盤が強固になるほど、天下普請や参勤交代・江戸在府による諸大名への支配は強くなった。そしてそれは江戸へのヒト・モノ・カネの集中を一層加速させ、ハードとしての江戸城や城下町への投資を継続・拡大させるという循環構造をつくっていたのであった。

また、この時期に整備が進んだソフト面の諸制度も相互に関係していた。キリシタン禁令の強化・徹底には、国内支配の上で障害になるキリシタン信仰を除去する目的とともに、海外貿易の窓口を長崎の出島に一本化することによって、幕府による管理貿易の徹底ないしは貿易利益の独占を図ろうとする経済的な意図もあった。しかも、朝廷や公家、寺社統制を強化しながら寺院をキリシタン取締の実行機関として位置づけて人民支配の強化を図っている。キリシタン取締と大名、朝廷、寺社へのコントロールの強化、貿易の扱いは、それぞれ関連していたといえる。

天文一二年(一五四三)にポルトガル人が種子島に来航して以降、宣教師の渡来も相次いだ。南蛮貿易や鉄炮の輸入のために、宣教師の布教活動に便宜を図る戦国大名も多く、キリシタン大名も登場した。鉄炮用の硝石輸入代金を調達するために領国の女性や子どもを海外に売り払うキリシタン大名まであった。織田信長も貿易利益の獲得とは別に、一向一揆対策としてキリシタンを積極的に活用した。そのため、宣教師の布教活動は活発化したが、これを危険視するようになった秀吉は天正一五年(一五八七)にキリスト教を禁止し、翌一六年には長崎からキリシタンを追放するなど、晩年になるほどキリシタン取締を強化した。家康が天下人になると、貿易優先の立場が取られたため、取締は一時期緩和されたが、三河一向一揆の鎮圧に苦労した家康は、キリシタンへの警戒は怠らなかった。

当時、旧教国のスペインやポルトガルは、アメリカ大陸を植民地化して暴虐さをもって収奪していた。豊富な金銀資源に恵まれていたメキシコやペルーでは、金銀採掘のために現地人を奴隷的に酷使したのに加えて、ヨーロッパ人が天然痘を持ち込んだこともあってインディオは激減した。その労働力不足は、アフリカからの黒人奴隷の輸入でまかなわれた。旧教国の植民地支配における最大の武器はカトリックであり、現地人の宗教はカトリック、言語はスペイン語やポルトガル語に置き換えられた。スペインの植民地では、スペイン人入植者が現地人をカトリック化する代わりに強制労働をさせることを認めるエンコミンダ制が一五〇三年から導入されていたのである。そうした結果、領土や人々の生命財産はもとより旧来からの文化・言語なども失われ、その影響が今日まで続くことになる。

家康や幕府首脳部は、このような旧教国の植民地支配の情報も手にしていたとみられる。対日貿易に新規参入したオランダやイギリスは、競合相手であった旧教国の領土的野心の実例として折りにふれて訴えている。家康が外交顧問にしたイギリス人ウィリアム・アダムスやオランダ人ヤン・ヨーステンからも、同様の情報を得ていたはずである。ただし、当時の日本人の国際貿易での活躍からすれば、それらは当然の情報であった。

慶長一七年(一六一二)、家康は京都所司代・板倉勝重にヤソ教禁止と京のヤソ教寺院の破棄を命じ、翌年一二月になると伴天連《ばてれん》追放令が秀忠名で全国に発布された。家康が没した直後の元和二年(一六一六)八月には、幕府はさらにキリシタン禁令を発し、ヨーロッパ商人の貿易地を平戸・長崎に限定した。ただし唐船には制限は加えられなかった。秀忠が最高権力者になった時期は、キリシタン取締の強化の時代でもあった。

## †支配のための統制強化

これとほぼ同じ時期、大名改易や朝廷への統制強化などが続いた。武家諸法度（元和元年〔一六一五〕制定）に触れる、世嗣《よつぎ》がない、一揆などを発生させて領国経営の失敗の責任を問われるなどの理由で、豊臣恩顧の大名のほか、三河以来の譜代大名や家康第六子の忠輝家まで多くの大名が改易（取り潰し）された。秀忠時代には四一の大名家が取り潰されている。

統制が強化された対象は大名だけではなく、朝廷・公家や寺社にも及んだ。慶長一八年（一六一三）に紫衣法度《しえはっと》、元和元年には禁中並公家諸法度《きんちゅうならびにくげしょはっと》をそれぞれ制定した。たとえば、従来、最高の僧位にあるものに紫衣の着用を許すことは天皇の専権で、その許可料が朝廷の財源だったが、紫衣法度により、勅許には将軍の同意が必要となった。これは、朝廷の権威と財源を幕府のコントロール下に置くのと同時に、僧侶の人事が幕府の同意事項に組み込まれたことを意味していた。

それゆえ寛永四年（一六二七）に起こった紫衣事件では、朝廷側の法度違反に対する幕府の対応は厳しかった。幕府は禁中並公家諸法度が制定された元和元年以降の勅許の取り消しを求めたのである。それは朝廷の権威を低下させることを意味していたので、朝廷側は強く抵抗したが、最後は幕府に屈服して、後水尾《ごみずのお》天皇の退位につながっている。

幕府の対外政策である「鎖国」体制は、寛永一〇年（一六三三）から寛永一六年（一六三九）にかけて相ついで関連する法令が発せられて制度的に完成した。日本人の海外渡航・帰国禁止、キリシタン伴天連の取締、外国船との貿易取締の三点が共通しており、回を追うごとに強化され、寛政一二年になると日本船の海外渡航と海外在住日本人の帰国を一切禁止した。なお、寛永一一年には長崎の町人に出島の築造を命じ、そこにポルトガル人をすべて移転させ、さらに寛政一三年九月にはすべてのポルトガル人と混血児などをマカオに追放している。

寛永一四年一一月から翌年二月にかけて島原の乱が勃発すると、一揆掃討軍の司令官として最初に派遣した板倉重昌《しげまさ》が討死するなど幕府は乱の鎮圧に手を焼き、オランダ商館長クーケバックルに原城の砲撃を依頼している。これもあって外国人取締はさらに強化され、島原の乱の翌寛永一六年二月には明国人やオランダ人も居住地を制限された。七月になると老中七名の連署によりカレウタ船の渡航禁止令が発せられ、ポルトガル船の来航を全面禁止し、長崎貿易の相手国を中国とオランダに限定した。これにより「鎖国体制」が完成したが、それはオランダが繰り広げた外交・情報操作が成功した結果でもあった。その結果、諸大名や民間人がヨーロッパ商人と自由に交易することはできなくなった。

この政策の背景には、キリシタン禁止のほか、オランダの対日貿易独占の思惑や、西国諸大名の貿易利益の獲得を排除する意図、幕府による海外貿易の独占などがあったといわれている。しかし、大名のほか朝廷や公家への統制強化と照らし合わせると、貿易利益の独占を含む幕府権力そのものの盤石化という同じ文脈で、キリシタン取締や対外政策が展開された側面も大きかった。この時期になると、豊臣恩顧の西国大名に集中的に割り当てられた江戸の天下普請も一段落し、彼等に海外貿易で利益を上げさせる必要はなくなっていた。それを放置すると、大名の強大化につながる危険もあったのである。

## †寺社支配の確立と寺請証文

織田信長の時代までは、一向宗や比叡山延暦寺、高野山、東大寺などは、強大な武力集団であり、天下人にとっては危険な存在であった。秀吉も紀州の根来衆《ねごろしゅう》の平定に苦心した。それゆえ、キリシタン取締とともに、寺院の統制も幕府権力の確立には不可欠であった。

京のヤソ教寺院を破棄した慶長一七年（一六一二）八月、京都所司代・板倉勝重と以心《いしん》（金地院）崇伝《すうでん》は社寺監督の最高責任者となった。これは、京都周辺にある寺院の本山を掌握し、全国の寺社をその系列下に収めてピラミッド型の宗教行政を行う基盤になった。

慶長一七、一八年という時期は、徳川政権においてキリシタン取締が強化されたが、それは社寺への統制が強化され、幕府権力の下に寺院が組み込まれた時代でもあった。その結果、わが国への仏教伝来以来、程度の差こそあれ独立的な地位にあった寺院が、はじめて完全に世俗権力の支配下に組み入れられたのである。

そこでは寺院をキリシタン取締に活用するようになり、宗門改メや寺請証文の制度ができ、それが宗門人別帳に発展した。寺院は、人々を支配するための「戸籍事務」の執行機関に再編され、檀家の人々がキリシタン信徒でないことを証明する機関に変質した。

一方、家康の江戸入り以来、江戸には全国から寺院が集中した。入府以前からあった六五寺に対して、江戸初期に建立された寺は二五四にのぼる。これは徳川家臣団や大名、町人の江戸移住に伴う寺院の建設ラッシュによるものであった。

また、参勤交代で江戸に在府することなどもあって、多くの大名は国元の菩提寺の末寺を江戸に建立した。土地の無償交付や地子免除の特権によって町人が誘致された結果、京都・近江・伊勢といった彼等の出身地にあった檀那寺も江戸に末寺を出している。

これらの江戸の末寺は、出身地の檀那寺の出先機関だったので、主に京都にある本山からすれば出先の出先であった。ところが、江戸における寺院支配では、江戸に所在するそれぞれの寺院を対象にせざるを得なかったため、寺社関係の法令や政策を徹底させるには手間とコストがかかるばかりか、統制を徹底させるのが難しい構造となっていた。

そこで京都などの本山は、江戸に本山を置いて江戸での自宗派の統制組織として活動させた。このような各宗派の「江戸支店」は触頭《ふれがしら》と呼ばれ、各寺院への指導・監督を任務とした。天台宗や浄土宗、臨済宗といった宗派は、いわば幕府の「認可」した「宗教法人」として宗派内の頂点に立つとともに、触頭寺院を通じて幕府の寺社支配に組み込まれた。触頭寺院の統制によって、すべての傘下の寺院を間接統治することができたのである。

## †「最高法規」としての武家諸法度

江戸時代を通じて、他の法令に優越する上位規範として明確に規定された最高法規はなかったが、武家諸法度、禁中並公家諸法度、寺社法度は幕藩体制の根幹にかかわるものであり、かつ、家康が制定させたこともあって、事実上の最高法規の扱いがなされていた。

最初の武家諸法度（元和令）は、元和元年（一六一五）七月、五月の大坂夏の陣の後、家康が崇伝らに草案を作らせ、将軍秀忠のいた伏見城に諸大名を集め、崇伝に朗読させて公布する形がとられた。将軍と諸侯の関係、諸侯の義務や身分取扱い、体制転覆・反乱の予防措置などを定め、幕藩体制を基礎づけるもので、法益は、徳川の世の永続＝公儀であった。家継、慶喜を除く将軍代替わりの度に公布され、幕末まで機能した。

元和九年（一六二三）七月に秀忠は大御所となり、家光が三代将軍になった後、寛永六年（一六二九）九月、元和令を踏襲する形で改正されている。寛永九年（一六三二）に秀忠が没して家光の時代になった寛永一二年（一六三五）六月、全面的かつ画期的な改正による武家諸法度が公布され、その後の定型となった。そこでは、大名の参勤交代義務、城郭の新築禁止・修理届出の義務、諸国変事に出兵せず指示を待つべきこと、私的結集と私闘の禁止、道路交通の保障、関を置くことの禁止、五百石以上の大船建造の停止、寺社領の固定、所領支配の責任明確化が定められ、それを全国に及ぼすべきことも令せられた。

ところが、慶安四年（一六五一）四月に家光が没した直後の七月に由比正雪の慶安事件が発生するなど、大名改易によって増大した浪人による社会不安とテロの危険が増大した。また、経済発展により海運の需要が高まったこともあって、五〇〇石以上の大船建造禁止が経済活動の障害になる状況も現れた。

四代将軍・家綱の時代には、基本は寛永一二年の法度を踏襲した新たな武家諸法度が寛文三年（一六六三）五月に公布され、私婚禁令、公家との婚姻許可制、耶蘇禁止の徹底といった統制とともに、大船建造禁止令からの荷船の除外という規制緩和も盛り込まれた。

延宝八年（一六八〇）七月に綱吉が五代将軍になると、天和三年（一六八三）七月、全条改訂とともに、後述の諸士法度を武家諸法度に統合した（天和法度）。そこでは、大名家の家臣処分権の制約や寛文令の追加二条の削除とともに、養子を制度化して末期養子の禁を再緩和するとともに、殉死の禁止を規定している。その後、家宣の代である宝永七年（一七一〇）四月に公布された武家諸法度は、新井白石によって和文体に徹底されたが、享保二年（一七一七）三月公布の吉宗の法度では天和法度に戻され、以後、九〜一二代までの将軍が踏襲している。なお、安政元年（一八五四）九月公布された一三代家定の法度では、海防の必要から大船建造を許可制に改正している。

武家諸法度の変遷をみてみると、幕藩体制の確立する江戸初期までは、基本は維持されたが公布のたびに変更がなされている。最初の武家諸法度が家康によって定められたとはいえ、基本的な考え方は変わらなかったが、祖法として墨守されたわけではなかったのである。むしろ、その時どきにおける幕府を取り巻く情勢の変化に対して、敏感に改正されたケースもあり、現実への適合が図られている。ところが太平の世が続く状況では、改正の必要がない以上、将軍の代替わりがあってもそのまま踏襲されている。

約二六〇年間、江戸幕府が続いた背景には、幕府が儒教精神に基づく法治主義の建前に立ちながら、事実上の最高法規＝武家諸法度による法の支配を幕末まで機能させたことが寄与している。この「長持ち」のためには、体制維持に必要な政策転換に際しての条文の追加・改廃への柔軟な対応や、末期養子の禁の扱いのように、解釈・運用はけっこう現実的で、法的安定性と具体的妥当性を釣り合わせる工夫も行われた。

## †末期養子の解禁へ

一方、寛永九年（一六三二）に制定された諸士法度では、「跡目は当主の生前のうちに将軍の許可を得ること、末期になって養子を申請しても認めない」と末期養子の禁を定め、寛永一二年（一六三五）にも再令している。

戦国時代までは、家ではなく功績のあった家臣個人が主君によって所領を安堵される対象だったので、合戦での討死の場合を除き、生前に跡継ぎを定めて主君の承認を得ないうちに当主が死亡すると、その相続は認められないのが原則だった。それを避けるために死亡直前あるいは死亡後に養子を入れて、それに家を継がせる便法が末期養子である。しかし、それを許すと領主の家臣支配が不徹底になるので、江戸時代の初め頃までは末期養子は認められなかった。ところが戦国の世が終ると、家臣個人よりも家臣が属する組織体としての家の重要性が増してきた。幕藩体制を円滑に支えていくには、諸大名や幕臣の家組織を維持する必要が増加したからであった。

末期養子の禁の厳格適用は、嗣子がいないことによる大名の改易とそれに伴う浪人（失業者）の増加という社会不安を高めた。それもあって慶安四年（一六五一）一二月、末期養子が解禁され、五〇歳以下で末期に及んで養子を申請する大名・旗本には、その筋目によって相続が許されるようなった。規制緩和であった。それは社会不安の除去とともに、諸侯の要望にも配慮したものだった。

そして、武家諸法度（天和令）に諸士法度が統合される際には、末期養子の禁が再緩和され、五〇歳以上の者にも末期養子が許可される途が開かれた。そして、時代が経るにしたがって禁は形骸化し、御家人株の売買まで行われるようになっている。

## 3　明暦大火によって完成した百万都市の骨格

### †明暦大火は放火

家康の江戸入府から続いてきた建設事業によって造られた建築群は、明暦三年（一六五七）正月一八日から一九日にかけての明暦大火によってほとんど灰燼に帰した。一日目の火元は本郷丸山の本妙寺、伝通院表門下の新鷹匠町、その翌日には麴町から出火して、天守閣をはじめとする江戸城は西丸《にしのまる》を除いて全焼、大名屋敷一六〇や寺院三五〇、町地の大半（四〇〇町）も焼失した。

焼失した城や大名屋敷の多くは二条城のような桃山様式の絢爛豪華なものだったが、それ以後、江戸の建築物は頻発する火事で類焼することを念頭に置いて、コストをかけない造りに変わっていった。復興の前後で江戸市街の姿は一変したのであった。

明暦の大火は、幕府によって改易された大名の家臣による反幕行動としての放火だった。家光の没した慶安四年（一六五一）の由比正雪事件（慶安事件）や、承応元年（一六五二）の戸次《へつぎ》庄左衛門事件も、このような浪人によるテロ未遂事件だった。

大火直後に老中から大名、旗本に直接出した命令でも「火付候族」や「計策悪事相頼之輩」を見つけたら「訴え出ろ」といっており、その褒美は金（慶長小判）二十枚という破格の扱いだった。幕府は当初から、大火の原因を放火と認識していたのである。

明暦大火を記録した『玉露叢《ぎよくろそう》』でも、「大火の三日前、由比正雪事件の首謀者の一人だった丸橋忠弥《まるばしちゆうや》の残党たちが放火を予告する〝火札《ひふだ》〟を江戸市街のあちこちに立てていたという風説があり、その残党たちが折からの強風をとらえて火を放ったようだ」と述べている。原文でははっきりと「兵火の疑」と述べている。

最初の火元の本妙寺は江戸城本丸の北側、二日目の火元の麴町は本丸の西側というように、両者の距離は相当あって、飛火というのは不自然である。そればかりか、本郷丸山は旧平川に沿った低地の上流部、麴町も西丸南側の低地の上流部である。いずれも北西の季節風が吹けば風の通り道になりやすい谷筋の風上であり、江戸城を焼失させるための放火地点としては効果的な場所であった。実際も、それらの谷筋を中心に延焼が広がっている。

放火は古今東西を通じて軍事上の〝基本的〟な戦術だが、戦国時代を通じてその「技術」には磨きがかけられていた。明暦大火の後に江戸で組織された消防組織には、幕府直属の定火消《じょうびけし》、大名に組織させた大名火消《だいみょうびけし》、町奉行の監督下におかれた〝公営〟の町火消《まちびけし》があり、互いに競合・競争しながら破壊消防を行った。組織が違っていても消防要員の実態はさして変わらず、最初の火消は戦国時代の火付け＝放火のプロを組織したとされている。

## †復興による市街の拡大

幕府は、罹災した大名や旗本に邸宅の再建資金を与えるとともに、焼失したすべての町に銀一万貫を与えて、復旧のテコ入れを図っている。また、防火用の空地を確保するため、白銀町（神田）、四日市（日本橋）、飯田町（麴町）の市街移転や、類焼防止と道路拡幅のために家屋の庇を強制的に切らせている。

大火直前の江戸は、全国からヒト・モノ・カネが集まる都市になっていたが、それは過密化とともに火災延焼のリスクも高めていた。しかし、甚大な被害を蒙った江戸であったが、この大火がきっかけになって市街の範囲は拡大した。過密化して飽和状態になっていた当時の都心部が再編される形で進んだのが、大火後の復興の姿であった。大川（現・隅田川）を越えて本所、深川なども市街地になっていった。関東大震災後に旧東京市一五区の隣接五郡（北豊島郡、豊多摩郡、荏原郡、南足立郡、南葛飾郡）が市街地化した様子や、第二次世界大戦後の多摩地区などと重なる構造であった。

大火後の江戸城内の過密解消としては、御三家の屋敷の城外移転や城内のオープンスペース確保、市街地では火除け地の設置や道路拡幅といった火災対策が進められている。倉庫も移転の対象になった。もともとの幕府の倉庫群は、日本橋川流域の旧日比谷入江の最奥部、現在の神田鎌倉河岸付近にあった。それは、皇居外苑の和田倉門という地名が、「海」の古語である「わた・わだ」と倉をつなげた呼び方であることに象徴されている。

幕府の米蔵が最初に浅草に移されたのは元和六年（一六二〇）、正保四年（一六四七）には谷ノ蔵（矢ノ蔵、現中央区日本橋浜町）にも米蔵が設置されているが、大火によって「都心部」に残っていた幕府の倉庫機能も浅草などに集約されていった。これは単なる移転ではなく、移転後の倉庫群の容量は万治年間（一六五八〜六一）には大規模になっている。関東一円の年貢米が集まる幕府の米蔵に限っても、年貢収量の増加によって大きな倉庫が必要になっていたのである。そうした倉庫群は、隅田川の自然堤防を櫛形に開削して舟入堀を築造し、舟運による大量輸送に対応できる施設の整備が進められた（鈴木二〇〇〇）。

そして、江戸の各所にあった米蔵は享保期（一七一六〜三六）頃までに浅草に吸収されている。

大名家の蔵屋敷の郊外移転も進んだ。明暦三年（一六五七）五月、尾張徳川家は類焼した八丁堀の屋敷を収公された代わりに築地海岸に二万七〇〇〇坪を与えられ蔵屋敷とし、五代将軍となる館林の松平綱吉には浅草向茅場町に蔵屋敷一万坪が与えられた。三月には加賀の前田家が蔵屋敷用地として黒江町に二四〇〇坪を購入、小浜の酒井家は猿江に三三〇〇坪、盛岡の南部氏は芝・田町に蔵屋敷用地（間口四〇間奥行一〇間）を一五〇両で購入している。

移転した大名の蔵屋敷の周辺が都市化してビジネス街になった例としては、万治三年（一六六〇）に綱吉の蔵屋敷になった南本所の石原町がある。ここでは、年貢米などの運搬船が多数出入りするようになったため、諸商人が集まり町屋が形成されて大いに賑わっている。

さらに寛文五年（一六六五）には、鎌倉河岸から虎ノ門までの土蔵（倉庫）を撤去せよとの町触も出された。この場合、撤去の対象は町人であった。都心部の再開発が、幕府の方針として強力に推進されるようになったのであった。

寺院の周辺部への移転も進められた。家康の江戸入り直後から、寺院の移転は繰り返されており、入府前から平川・局沢、江戸前島の数寄屋橋付近に立地していた寺院は、第一次・第二次天下普請による江戸城拡張に伴って、神田北寺町、神田山、番町・麴町、桜田などに移転し、そこに「寺町」が形成されている。神田山を除けばいずれも低湿地で、寺院の移転は埋め立てを伴ったが、埋葬やそれに伴う副葬品や供え物、石塔などは陸地化の好材料であり、多くの信者や参詣者が通い、堂宇の建築も必要となれば、低湿地を陸化させるには効率的な手法であった。第三〜第五次の天下普請に際しても、寺院の外縁部への移転は続き、主要街道に沿って建立された場合も多い。市街の発展を期待するとともに、第2章で触れたように戦略的・防衛的な意味合いも含まれていた。

大火後になると、江戸城外郭内にあった寺院は、四谷・牛込・小日向、芝・三田・白金、赤坂・麻布、浅草、本所・深川、下谷・谷中、本郷・駒込と、さらに周辺部に移転させられ、神田北寺町や八丁堀の寺町の大部分の寺院も、浅草下谷、本所、深川に移された。

大規模な埋立地の造成も進められた。築地御坊（築地本願寺）をはじめ、八丁堀舟入より南のあたりまでが埋め立てられたが、埋立がその範囲で止まったのは、飲料水の給水能力が限界に達していたためであった。

### †隅田川東岸・内陸部の市街地化

隅田川東岸では、自然堤防の上にできた本所や深川の集落を足掛かりに埋め立てが進んだ。江戸下町のビジネス街が大火前にはすでに飽和状態になっており、そこから東岸の埋立地に倉庫機能を分離する場合も多かった。そこでは自然堤防の地形に沿う形で町割が行われている。また、旧江戸市街の商家が所有・管理していた左岸の倉庫が、商店や河岸に変るケースもあった。物資の保管場所が商品の取引の場に変質したわけである。幕府の倉庫群が移転してきたこともあって、旧市街から商家そのものが移転したケースもあった。

それらよって、隅田川東岸の市街地化と商業化が進み、町地が拡大した。大火の二年後の万治二年（一六五九）、新興市街の中心であった本所や深川と旧市街を結ぶ両国橋が隅田川に架橋されたのは、その象徴であった。

一方、東岸の低湿地帯には運河網が、幕府の工事として造られた。江戸と行徳を結ぶ小名木川運河に平行して東西に延びる竪川と北十間川、南北方向の大横川と横十間川が開削された。低湿地の排水路を兼ねた補助運河も掘られている。

大火から三年後の万治三年（一六六〇）になると、江戸最後の天下普請によって駿河台の開削が完成した。それまでは洪水時の放水路として機能していた神田川に舟運が開通したことにより、牛込船河原町（現・新宿区揚場町、神楽坂一丁目、市谷船河原町）に新たな湊が出現した。水運ネットワークが内陸部まで及ぶことになり、市谷・四谷、赤坂・牛込、早稲田・高田、目白・戸塚、小日向・関口の範囲の市街地化が進んだのであった。

## 復興をもたらしたシステム

大火からの復興が始まると、建設資材や職人の手間賃などが高騰した。火災直後の正月二一日、幕府は米価暴騰を抑えるために金一両で米七斗を米の最高額と定め、それ以上の相場での取引を禁止した。しかし、規制があっても需要があれば価格も吊り上るのは自然の成り行きであった。

そうした中、『落穂集追加』によれば、復興に欠かせない材木需要が急増すると見込んだ江戸中の材木商たちが、焼け残りの材木はもとより諸国から運ばれる材木を囲い込んで占め売りをしたので、材木の価格は吊り上った。これに対して幕府は、城の再建期間の延長、幕府直轄領の山から直接伐採して材木屋からは購入しない、といった対抗措置を講じた。諸大名にも屋敷再建は急がせないばかりか、「知恵伊豆」と呼ばれた老中松平伊豆守信綱が川越の知行所から木材を調達した。それに倣《なら》う諸大名や幕臣も多かったので、江戸の材木相場は下落したのであった。その結果、町方の再建も円滑に進んでいった。

このことは、市場における価格が需要と供給のバランスで決まることを、材木屋も当局も十分に理解していたことを象徴している。また、各地の天領や大名領から材木を輸送できるだけのインフラが整っていたことも見逃せないが、当局も無闇に強制的な材木価格の引き下げを命じるのではなく、市場メカニズムを利用する形で反撃し、材木価格の安定化に成功しているのであった。

しかしその一方で、九月になると、諸商人による仲間の結成、荷主の自由販売の保護、及び職人が賃銀を協定して引き上げることを禁じている。復興需要が旺盛で、相変わらず供給サイドとしての諸商人や職人たちが、ここぞとばかりに強気の商売を繰り広げていたことが想像できる。大火は大いに景気刺激になっていたわけである。

この時、仲間の結成を禁じたのは、新規参入者への礼金や饗応の強要、新規出店の妨害、占め売りによる商品価格の吊り上げなどが、諸商人がつくる仲間組織の活動によるものだと幕府が認識していたからであった。諸商売としては呉服、糸、綿、絹、紙、本、扇子、両替、材木、竹、釘、薪、米、魚、革、石、塗物が具体的に挙げられており、贅沢品から生活必需品、建築資材まで江戸に運ばれるほとんどの貨物・商品にわたっている。

一方、諸職人としては大工、木挽、屋根葺、石切、左官、畳屋というように、主に建築関係の職人が列挙されている。彼らもまた仲間を結成して手間賃や賃銀を申し合わせ、需給に応じて吊り上げることも日常的であったわけである。

それらをみると、すでに明暦大火の頃の江戸のビジネス界では、商人・職人たちが組織する仲間が縦横に活動していたことや、巨大な消費都市となった江戸に向けて、多彩な商品やサービスが全国から供給される社会が成立していたことがわかる。また、そうした市場のメカニズムに従って経済が動くことを認識していたからこそ、材木屋たちへの対抗策と同様、幕府は直接的な「物価引下命令」ではなく、商人や職人が組織する仲間の規制という間接的な物価引き下げのアプローチをとったのであった。

このように、江戸にヒト・モノ・カネ・情報が集中する構造が定着したのは、繰り返しになるが、天下普請などとともに、さまざまなソフト面の制度によって徳川政権が盤石化されたためでもあった。そして、この構造は、江戸向けの物資を供給していた全国の経済を成り立たせる前提となっていた。それらは、ハードとソフトの両面から成り立つ社会システムともいえるものであった。

そうした社会的なシステムが定着していたからこそ、大火という非常時においても、江戸に全国から復興資材などがスムーズに流れ込んだのであった。それは、復興のテンポを早めただけではなく、空間的にも機能的にも江戸の範囲を拡大させて、「大江戸」の成立に貢献したといえるだろう。

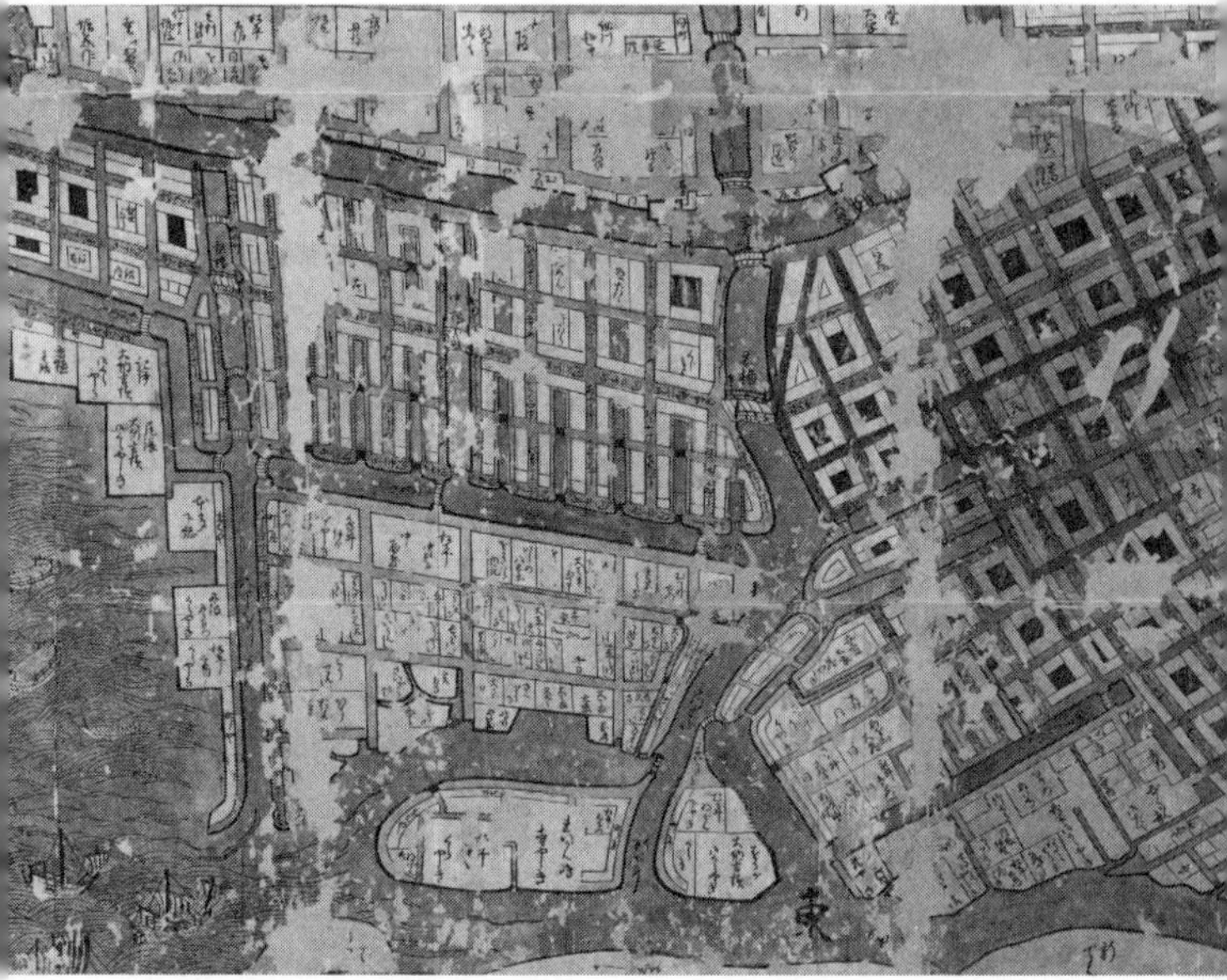

第５章

# 都市の管理システム――自治と市場のメカニズム

江戸の自治とビジネスの中心地。本町一丁目（現・中央区日本橋本石町二丁目）には金座の「後藤」の表記もみられる。現在ここは日本銀行の所在地である。「武州豊嶋郡江戸庄図」の一部（国立国会図書館デジタルコレクション）

## 1　町奉行所と江戸の自治システム

### †都市の管理と町人

第2章から第4章では、江戸の城やまち造りといったハード面とともに、それによる経済への作用や、天下普請や建築ラッシュを支えた水運、大名や朝廷・公家、寺社の統治システムなどのソフト面を描いてきた。そして、このソフト面が整っていたことが、明暦大火からの復興のスピードを早めるだけではなく、江戸がさらに発展して「大江戸」の成立につながったことにも触れた。

そこでこの章では、江戸が日本最大の城下町として出来上がっていく途上、あるいは出来上がってからの都市機能の維持管理や運営の仕組みについて述べていく。

都市の最も都市らしい機能は、ヒト・モノ・カネ・情報が集まって、そこで経済的な価値はもちろん、政治、文化などに関して、さまざまな価値が生み出され、決められる点にある。その意味で、マーケット＝市場としての機能をスムーズに働かせることは、都市の維持・管理の中で、大きな比重を占めるといってよい。

第3章でもみたように、天下普請や参勤交代によって貨幣経済が浸透し始めると、ダイナミズムの動きは止まらなくなった。そうした中で、年貢収入という領主の実物経済に対して、貨幣的な価値を与えて市場流通させる機能、すなわち米本位経済を貨幣経済の中に位置づけるのは都市の町人たちであった。さまざまな市場を実際に動かしていたのは、武士ではなく町人である商工業者たちだった。それゆえ、経済を含む都市の諸活動を機能させ、そこに幕府の意思を反映させるには、町人に対する支配がカギとなっていた。

当時の町人および町人居住地である「町」では、町人がつくる自治的組織によって町政が運営されており、それは幕府の統治における末端機関としても機能していた。そこでは直接的な支配ではなく、間接支配の形態がとられており、幕府や諸大名による農民支配でも間接支配が原則であった。自治的組織としては、都市や商工業における町役人組織や同業者の仲間、農村では名主・庄屋を中核とする村役人組織などがあった。

この間接支配では、それぞれの行政分野ごとの被治者が構成するさまざまな組織が、相当幅広い裁量を領主から保障され、その範囲内で自らの責任と判断による自治的活動を行っていた。

## †統治システム

江戸の町地やそこに居住する者、すなわち町方を支配する機関が町奉行で、南北各一名が旗本から任命されたが、三奉行制の時期もあった。町奉行の付属組織が町奉行所で、与力・同心が配置されていた。なお、江戸の場合は、単に「町奉行」と呼ばれていた。

江戸の町方支配に係わる幕府の法令や政策は、町奉行が実施したが、その窓口として江戸の全町に伝達・執行する機関が町年寄《まちどしより》であった。町年寄は江戸町人の自治的組織の頂点に立ち、町奉行の下に町年寄を頂点とした町人に対する土地所有や居住形態別の支配体制が江戸時代の初期から成立していた。そして、町年寄、名主、地主および地主から委任を受けた家主《やぬし》から構成される町人の自治的組織が、都市に居住する地主、地借、店借という土地所有に基づく階層別、居住地別に人々を統治していた。

一方、問屋株仲間の組織化政策が取られた享保期頃からは、商工業者を職能別ないしは業種別に統治する機能も町年寄の役割として強化されている。この支配関係は、問屋株仲間などの同業団体を通じて、その組織に加入する個々の事業者を統制し、その使用人や出入りの下請け業者までを間接的に支配・統制するものである。

それにより、幕府―町奉行―町年寄―名主―町中一般という居住地を基準にした従来からの間接的な支配・被支配の関係に、町年寄—問屋株仲間—商工業者という産業別・職能別のコントロール機能が組み込まれた。これは、一定の地域内の住民に対する地方行政と、さまざまな産業分野に対する産業政策が、表裏一体の関係にあったことを物語っている。それは、問屋株仲間に加入する事業者の大部分は都市の地主層でもあったからである。

## †町奉行所は総合官庁

町奉行所やその与力・同心には、捜査機関ないしは司法機関というイメージが定着しているが、実際は、江戸の都市行政や民政全般にわたる「総合官庁」であった。現代でいえば経済政策や通貨政策のほか、福祉政策に関する法令の実施や、政策立案なども担当していた。貨幣経済や商品流通は、江戸や大坂などの幕府直轄都市を中心に発達していたため、そこで政策を徹底させれば、他の地域にも波及させられたので、全国を対象とする政策に町奉行が関与する場合も多かった。本来は勘定奉行が担当する貨幣改鋳も、後述のように、元文の改鋳は南町奉行の大岡越前守忠相《ただすけ》が中心になって実施したほか、新通貨の市中への通用促進でも町奉行が主な役割を果たしていた。

そうした幅広い業務を反映して、幕末近くの町奉行所の与力・同心の職制には二二の分掌があった。吟味方（民事・刑事事件担当）、牢屋見廻、町火消人足改（町火消の指揮監督）

などの司法・警察業務とともに、年番方（町奉行所の庶務担当）、養生所見廻、町会所掛（町会所における積立貸金、貧民救済などの監督）、猿屋町会所見廻（札差の監督）、諸問屋組合再興掛（天保改革で全廃された問屋株仲間の再興を担当）など民政部門や管理部門、経済部門まで広範な分野の行政を行っていた。これらの役職には与力の下役として同心が配属されていたが、隠密廻《おんみつまわり》、定廻《じょうまわり》、臨時廻《りんじまわり》の三廻《さんまわり》のように同心だけの職もあった。

ところで、江戸時代の中頃を過ぎると、諸大名による特産品づくりのブームが到来した。米を作っても財政再建にはならない中で、現金の獲得を目指して自領の「富国」政策を取るようになったからである。しかし、市場規模の大きな江戸や大坂の流通に乗せられなければ有利な販売は期待できなかった。紀州みかんや阿波産の藍、尾州の陶器のように強い競争力があれば別だったが、諸国の特産品には似たものが多かったこともあって、それらを販売ルートに乗せるには、流通経路を押さえていたさまざまな問屋株仲間を監督する経済官僚でもあった町奉行配下の与力・同心の協力が欠かせなかった。

この町奉行所の与力・同心は世襲ではなく「一代抱え」という身分であったが、実際には親が現役中に跡取りが「見習い」として出仕することにより世襲され、実質的な経済官僚集団となっていた。それは、経済発展の前提としての分業が、官僚組織における専門化をもたらした結果でもあった。そのため、八丁堀の与力や同心は最も下級の武士だったが、実際には大名・旗本並みの生活をしていた。カネの出所は諸大名や町人からの付け届けで、その額は一人年間二〇〇〇〜三〇〇〇両にも達したといわれ、高級旗本の収入に匹敵した。しかも、ほとんどが現金収入で、大名や知行取の旗本のような必要経費は不要だったので生活水準は高かった。

付け届けは賄賂ではなく合法的なもので、職務の一環として公然と収受され、領収書も発行された。特産品の売り捌きへの便宜供与のほか、江戸勤務の藩士と幕臣、江戸町人などとの間で起こるトラブルの解決が期待されたのである。将軍のお膝元で不祥事を起こせばその大名家の一大事になるため、示談・揉み消しなどで内々に処理する必要があった。そこで、民事・刑事の紛争処理のプロだった与力・同心を危機管理のための「顧問弁護士」として確保したのである。

大名家と与力・同心の結びつき方には、そうした「御用頼み」のほか、「御役中頼み」「代々頼み」があった。「御役中頼み」とは年番方、吟味方などの特定の役職に在任する与力・同心に依頼するもの、「代々頼み」とは特定の与力・同心の家に代々依頼することで、各大名家にはそれぞれ出入りの与力・同心がいた。それらとは別に、幕府の役人が大名からの扶持《ふち》（月給）を数か所から貰う場合も多く、それだけでも相当な収入になった。

町人からの付け届けも多かった。年頭など季節の節目節目には町々や諸問屋仲間から挨拶があった。火災や事件などの処理をした与力・同心に謝礼をするのも普通であった。

当時、「八丁堀の七不思議」のなかに「奥様あって殿様なし」という言い方があった。下級武士である与力・同心は、大名や旗本の当主の一般的な呼称であった「殿様」にはあたらないが、彼らの妻は大名・旗本並の生活をしていたから「奥様」だというものである。

**†町年寄**

江戸の町人組織のトップが、樽屋、奈良屋（のち館《たて》）、喜多村の世襲三家の町年寄であった。樽与左衛門（樽屋）の先祖の水野三四郎は、長篠の合戦で戦功があり、徳川家康から感状をもらい、その祝儀として酒樽を献じた。それ以後、樽姓に改めたとも、寛政二年（一七九〇）に猿屋町会所掛の功労によって樽姓を許されたともいわれる。天正一八年（一五九〇）の家康入府の時から江戸の町方支配を命じられていた。奈良屋の先祖も三河以来の家康の家臣で、家康の江戸入府に従い江戸の支配を命ぜられ、天保五年（一八三四）に館《たて》の姓を許されている。喜多村は最初から姓を持っており、家康入府の時に江戸に下り、文禄元年（一五九二）に町年寄を命じられた。

町年寄は幕府の統治機構の一部であり、かつ、江戸町人の自治的組織の頂点として、都市施設の維持管理を含む都市行政にあたっていた。法令（御触）の伝達、各町の名主の任免、人別の集計、町奉行所から命じられる調査や諮問（意見照会）への回答、市中の土地の地割、公役《くやく》・冥加《みょうが》・運上《うんじょう》などの徴収、仲間や組合名簿の管理など問屋株仲間を含む諸職人や諸商人の統制、資金の貸付、町人の諸願の調査、民事訴訟の調停のほか、江戸町人の意思を町奉行に伝えることも重要な職務だった。

町年寄は最上位の町人として扱われ、年始のほか、将軍家の法事や寛永寺への参詣の際に将軍への拝謁（御目見《おめみえ》）が許されていた。町年寄も月番で勤務し、事務を補助する手代を置いていた。樽屋の役宅を兼ねた住居は本町一丁目、奈良屋は本町二丁目、喜多村は本町三丁目にあり、その他にも拝領屋敷を市内に与えられていた。拝領屋敷からの地代収入が町年寄の主な収入だったが、幕府資金の民間貸付にあたっての手数料収入もあった。

## †金沢から連れて来た町年寄

ところで、町年寄三家の中には、家康が金沢から強引にスカウトした町年寄もいた。金沢市立玉川図書館が所蔵する『町奉行歴代帳』という古文書に、前田利家の本拠・金沢の町年寄の北村屋（のち喜多村）彦右衛門が、慶長五年（一六〇〇）に家康の〝ご所望〟で江戸の町年寄になったという記録が残っている。

織田信長亡き後の天下をめぐる賤ヶ岳《しずがたけ》の戦いでは、当初、柴田勝家方だった利家は秀吉に付き、天正一一年（一五八三）四月に金沢城に入り、能登国と石川・河北《かほく》の加賀二郡を与えられた。それ以後、利家の金沢城と城下町の整備、領国経営が始まっている。

利家も家康も、秀吉から領地を与えられ、それを治める責任を負っていた。そのための大規模な城郭築造や市街地整備には、建設資材のほか職人や労働者を手際よく集めるとともに、商工業者を呼び寄せて新たな城下町を栄えさせる必要もあった。それが軌道に乗れば、領国経済の好循環が期待できた。

利家は、いつも算盤を傍らに置いて兵糧や金銀の計算を自ら行うなど、経営感覚を備えた武将で、商工業者を領国経営に活用するのに長じていた。たとえば、敦賀（福井県）で廻船業を営む高嶋屋は、加賀・能登・越中から敦賀に運ばれる前田家の蔵米販売を一手に引き受けている。利家は、天正一四年（一五八六）には高嶋屋らに蔵米の運搬方法を指示する一方、金沢城天守に使う鉄材の調達を依頼している。

文禄元年（一五九二）から始まった朝鮮出兵では、利家は日本海海運を縦横に使って兵《へい》站《たん》を支えた。利家の兄の安勝が兵糧米の輸送を高嶋屋に委託した文書では、九州までの高嶋屋の船の出入りを保証しているほか、加賀から肥前・名護屋へ廻漕させた船賃について利家が廻船業者に出した書状も残っている。利家は経理に精通していただけではなく、これらの文書では、相手をほとんど対等に扱っており、それもあって商工業者や廻船業者を思うように活用できたのかもしれない。

金沢が発展すると、そこに集まる商工業者たちを治めて、それを動かす組織や専門家が必要になった。そこに登場したのが北村屋彦右衛門である。『金沢古蹟志』によれば、彦右衛門は北国街道と能登街道が分岐し、河北潟の水運で栄えていた津幡周辺の出身で、慶長の初期に武士から町人になって金沢に移ったとされる。陸海の交通に精通し、そこに集まる商工業者の扱いに長けた人物だったとみられ、利家の信任が厚く、金沢の町政を任されるようになっていた。

家康の江戸入府より七年早く金沢入りした利家は、城と城下町の築造とともに、それを支える商工業者の活用、日本海の廻漕業者の掌握といったノウハウを着実に蓄積していたわけである。彦右衛門が金沢で活躍し始めた頃は、関ヶ原の合戦の直前と重なるが、第2章でもみたように、当時の江戸の整備は、まだ始まったばかりであった。家康には、発展する金沢の町政を担っていた彦右衛門が大変魅力的に映っていたはずであった。

### †歴史の裏のスカウト大戦争

慶長三年（一五九八）八月に秀吉が没すると、家康の天下獲りは本格化した。利家と家康は衝突寸前のところで和解したが、翌年の閏三月、利家は大坂で没した。それに乗じて、家康は、一〇月になると謀反の疑いを口実に「加賀征伐」を計画した。利家を継いだ二代利長《としなが》は家臣を大坂に派遣して弁明に努めざるを得ず、結局、翌慶長五年（一六〇〇）五月、利家の未亡人で利長の実母芳春院《ほうしゅんいん》（まつ）は人質になって江戸へ下った。九月の関ヶ原の合戦で、家康が実質的な天下人になると、利長は家康の命で大聖寺城を攻撃し、一〇月には加賀、能登、越中百二十余万石を与えられた。翌年には三代目の当主となる利常《としつね》が徳川秀忠の娘の珠姫《たまひめ》と結婚し、前田は徳川の人質・婚姻政策に全面的に服したのであった。

彦右衛門が家康の求めで江戸に移ったのは同じ慶長五年のことで、まさに前田と徳川のパワーバランスが決した時期にあたる。家康はその機に乗じて、商工業者の支配や城下町の都市行政のノウハウを持った人物を前田家から手に入れたのであった。それを活かせば、徳川による日本海海運への影響力の拡大も期待できた。前田家にとっては、彦右衛門の〝移籍〟の方が、芳春院を人質に差し出すことよりも実利的には辛かったろう。

ところで、金沢に残る『町奉行歴代帳』や『金沢古蹟志』では、家康の求めで彦右衛門が江戸に移ったとなっているが、江戸方の史料でははっきりしない。享保期に書かれた三町年寄それぞれの由緒書では、家康の元家臣であった奈良屋と樽屋は天正一八年（一五九〇）から、喜多村は遠江から江戸に移り文禄元年（一五九二）から在職したとなっている。喜多村家の家伝には金沢出身とあり、金沢から移った彦右衛門は初代喜多村の後を襲名したとみられるが、由緒書には、はっきりとは記載されていない。

そこには政治的な匂いがする。金沢出身という事項は本来なら由緒書に載せるべき重要事項だが、敢えて載せなかった可能性もある。というのは、第2章で述べたように、家康が円覚寺領の江戸前島を横領して開発を始め、それが城下町江戸の中心街になったように、江戸の発展は家康の不法行為の上に成り立っていた。天下人なら、その程度の強権発動は容易だったが、「法による支配」を標榜していた家康にとっては「不都合な事実」だった。そのこともあって、最初期の江戸の地図はおろか、横領を類推するような記録は一切残っていない。現存する最古の江戸の地図『武州豊嶋郡江戸庄図』（第二章・本章扉写真）が発行されたのは、すでに寛永九年（一六三二）になってからで、情報統制が徹底されていたとみられる。

彦右衛門は家康の命で、前田家から事実上「強奪」されたので、将軍お膝元の江戸で彦右衛門が金沢出身であると述べるのは、江戸前島と同様、家康の不法行為を証拠に残すことに等しいと認識されていた可能性もある。それゆえ意図的に記述しなかった一方で、強引に引き抜かれた側の前田家の本国では、意地でも記録しておきたかったのかも知れない。

## †名主の仕事

町年寄と各町の間にあって、町の自治的な活動を行う機関が名主だった。町触《まちぶれ》の伝達や人別改《にんべつあらため》のほか、防火・消防、町年寄の命による諸調査の実施、町奉行所への訴訟や諸届への奥印《おくいん》（奥書《おくがき》に相当し、承認行為を意味した）、沽券状などの諸証文の検閲・奥印、簡単な民事訴訟など支配町内の紛争処理、町入用の徴収と納入、祭礼の実施、水道の管理など、広範な業務を行っていた。

当時の「町」は町人居住地であり、現在のような単なる住居表示ではなく、組織と地域的空間を有する人格を持った法人ともいえた。それを代表するのが名主で、書役などのスタッフも備えていた。名主も世襲が原則だったが、次第に「株」的な存在になっていった。なお、明治初年の行政区画制度発足当時の戸長・区長の多くは名主出身者だった。

名主には草創《くさわけ》名主、古町《こちょう》名主、平《ひら》名主、門前名主の四種類があった。草創名主は家康入府以来の由緒を持ち、古町名主はおおよそ寛永期（一六二四～四四）までに成立した古町を支配し、年頭に江戸城で将軍への拝謁が許されていた。平名主は町並地《まちなみち》（町奉行・代官両支配地）を支配し、門前名主は寺社門前町を支配した。

江戸の発展とともに町人居住地である町地も拡大したため、正徳期（一七一一～一六）

になると日本橋北、日本橋中、日本橋南、霊岸島などに名主の組合が成立した。享保七年（一七二二）には、それらを発展させる形で一番組から一七番組までの名主組合が結成され、年ごとに当番の名主を定めて事務にあたった。これを年番《ねんばん》名主といった。

その後、名主組合は二一番組に番外二組を加え計二三となった。寛政二年（一七九〇）以降、名主組合の管理を強化するために各番組ごとに二、三人の肝煎《きもいり》名主を任命するようになり、町触は町奉行から町年寄を経て肝煎名主に伝えられ、肝煎名主が管轄下の各名主に伝達・徹底する形となった。名主の階層化によって指揮系統を明確にしたのである。

なお、大坂では惣年寄《そうどしより》が江戸の町年寄に相当し、幕末時点で北組五人、南組四人、天満組三人の計一二人だった。これも世襲だったが、人数が多かったこともあって江戸時代を通じてメンバーには出入りがあった。江戸の名主に相当するのが大坂では町年寄と呼ばれたが、大坂の町年寄は世襲ではなく町人の選挙（地主層による公選）で選ばれた。

こうした江戸の町年寄と名主、大坂の惣年寄と町年寄を筆頭とする自治的システムによる都市経営と経済政策の実施は、江戸や大坂に限らず、各地の幕府直轄都市や、諸大名の城下町経営においても組織形態や名称の違いはあっても、だいたい共通していた。

## †家主は親も同然

名主の配下には職能団体としての家主《やぬし》の集団があり、五人組を結成して相互に連絡をとりながら、当番に当たった月行事《がちぎょうじ》が実務を処理した。無能な家主は解任（離縁）された。この江戸の家主五人組は、幕府が全国の農村部に相互監視の目的で組織させた各戸の代表者の五人組とはまったく性格が異なり、自治・自律の程度は高かった。

町年寄・名主・家主集団は相当に広い範囲の自治的能力を持った公法人あるいは公共団体として機能していた。この自治的組織は、官でも民でもなく、町人をはじめとする都市居住者にとっての公共性や公益を実現するものだった。それゆえ、幕府はこれらの自治的組織の意思を尊重し、諸政策の実施に最大限に活用した。

ところで、これまで述べてきた「町人」とは、地主や家持階級のことである。地借《ぢがり》、店借《たながり》は当時、法的には町人ではなかった。町人には、現在の地方税にあたる公役銀や町入用の納入といった義務もあれば、公事《くじ》訴訟の出訴といった権利もあったが、地借、店借や裏店に住む人々には義務もなければ権利もなかった。落語に登場する八や熊といった裏店に住む人々は当時の法制上は町人ではなかったのである。裏店は、公道に面した表店《おもてだな》から奥に入った場所にあり、木戸を入って両側に九尺二間の棟割長屋が建っているイメージで、トイレも水汲み場＝井戸も共用で、商売の出来ない場所であった。

裏店の住人が民事・刑事の裁判に係わるときには、家主（大家《おおや》）やその町の名主の付き添いが必要であった。地借、店借、裏店の人々は家主の支配下にあったからである。江戸時代「大家といえば親も同然、店子といえば子も同然」といわれたが、それは血縁関係ではなく、こうした法的関係の中での「親子関係」を指すことばだった。

江戸時代の都市の中の町は、生活共同体であると同時に、苛酷な連座制度があったために運命共同体でもあった。そのため、それぞれの町で新しく地主になるのには、その町の「地主の満場一致」という厳しい条件が必要だった。氏素性の知れない金持ちがいくら金を積んでも、その町の地主全員から信用を得られなければ、地主＝町人にはなれなかった（鈴木一九九二）。地主になればその事実が沽券に記入されたが、これは登記の意味のほかに、その町の全員から地主になることを承認された証明でもあったので、財産的価値を超えたものだった。町人が幕府の仕事を請け負う際には身元保証として家屋敷の沽券状を提供したほか、他から融資を受ける場合の抵当の対象にもなった。問屋株仲間への加入の場合も、同業者全員の同意と、町年寄役所に備え付けの名簿に加入の事実を登載することが必要であった。

なお、このような構造は農村も同様で、本百姓―脇百姓または水呑―使用人、という階層に従った統治がなされた。領主の統治行為は本百姓だけを対象に村役人などの機関を通じて行われ、領地経営の基本だった年貢の納入義務は本百姓だけに課せられていた。つまり、領主から人格＝市民権を認められていたのが本百姓だけで、脇百姓以下の支配は本百姓の役目だったのである。

## †公による都市の経営

江戸時代、町人や商工業者がつくる自治的組織は、それぞれの構成員が地域や組織に対して全人格的な責任を含む無限責任を負うことで成り立っており、その責任の対象だったのが、「公《おおやけ》」あるいは公共としての地域や組織であった。

そして、幕府の統治機構や都市や農村の自治的組織、同業者の自治的組織といったように、組織の規模や性格の違いに応じた「公」が存在していた。幕府の全国統治における「公儀」、都市や農村の自治的組織の「公」、問屋株仲間の「公」といった具合に、巨大な「公」と、小さな「公」が同時に成り立っていた。幕府の官僚組織と江戸の町年寄や問屋株仲間など、性格やスケールの異なる組織同士が、組織内自治と間接統治を基本とした相互関係を築いていたのであった。

百万都市江戸の都市行政や経済政策は、時代にもよるが南北町奉行と三三〇名の与力・

同心が処理しており、幕末時点の南北町奉行の配下には、それぞれ与力二五騎と同心一四〇人が配置されていた。大坂では東西町奉行所で与力三〇騎ずつ、同心五〇人ずつであった。約二六〇年間、これだけの組織で江戸の行政、司法を運営できた効率性の理由は、自治的組織を使った間接統治システムの成功にあった。そこでは、幕府という「官」と町人や諸商人といった「民」の間に「公」があって、「公による経営」が機能する自律的な都市が成り立っていたために「小さな政府」が実現できたのであった（鈴木二〇一三a）。

## 2　貨幣経済がまきおこす構造変化

### †市場経済システムの時代

「遅れた封建時代」だと思われがちな江戸時代は、実は、高度な市場経済システムがはたらく資本主義的な側面を色濃く持った時代であった。全国的な流通網の成立、貨幣（金・銀・銭）の変動相場制とそこから差益を獲得していた両替、市場を通じた金利の決定、享保期に成立した世界初の先物市場といわれる大坂堂島《どうじま》の米市場など、資本主義社会に馴染みの深いシステムが広範に機能していた。しかも、江戸時代の初期から一季居《いっきおり》の奉公人市場という、一種の労働市場さえ出現していたのであった。

第4章でも述べたが、当時の経済は、長崎貿易を含めた全国の物資が大坂・京都などに集まり、そこで付加価値を付けられて大消費地の江戸に供給されるという流れの上に成り立っていた。それと同時に、米本位経済と貨幣経済という二つの枠組みも共存していた。

この構造は江戸初期から幕末まで基本的には変わらなかったが、時代が進むにつれて、武士の収入基盤であった年貢収入を前提とする米本位経済は、町人が動かす貨幣経済に組み込まれていった。時代が進むほど、幕藩体制は貨幣経済や商品流通への依存度を高めていったのである。しかも、貨幣経済の中では、米などの農産物、金融や保険といった業種や酒造業などにとどまらず、贅沢品から生活必需物資までの生産・流通に関係する種々雑多な商人や職人の活動によって競争状態が生まれ、その時なりの市場経済をつくっていた。

そうした経済的な諸活動は、市場参加者＝商工業者たちの自治的・自律的機能に支えられていた。それは、市場取引に際しての共通したルールを作って維持するとともに、商工業者が経済活動に伴う社会的責任を果たすための装置にもなっていた。

## †武士と町人の逆転

天下普請と参勤交代は全国の富を江戸に集中させたが、その経費は貨幣で決済されたので、貨幣経済が急速に浸透した。諸大名は領地から取り立てた年貢米を、大坂の蔵屋敷などで換銀して工事費用や江戸在府経費、領地経営や家臣の俸禄に充てていたからである。幕臣である旗本と御家人へ支給される蔵米は、浅草蔵前の札差によって現金化された。

第3章でも述べたが、宝永・正徳期（一七〇四〜一六）になると、労働集約的な農業や、商品作物の作付けによる単位面積あたりの収益性の向上によって、年貢率は三公七民になっていた（大石一九九一）。しかも、江戸時代全体の耕地面積の増加分の大部分が江戸初期から享保までであるように、幕府や諸大名が、米の増産による増収に向けて耕地面積の拡大に励んだ結果、新田開発の適地は開発し尽くされていた。それゆえ、農地拡大で年貢収量を増やすことは難しく、多くの大名は大名貸《だいみょうがし》といって、大坂などの大商人から多額の借金をして江戸屋敷や参勤交代の経費に充てるようになった。しかし、支出を切り詰めても、収入が一定なので借金返済は難しく、大名財政は慢性的な赤字体質に染まっていった。

経済面において、武士と町人の力関係の逆転が始まったのである。経済を支配する者が、商業資本などの町人階級になったからである。しかも、生産性の向上や大消費地向けの商品作物の生産を通じて、自給自足的だった農村にも貨幣が普及した。

ところで、元禄文化が花開く直前の貞享五年（一六八八）、すでに「天下の台所」として発展していた大坂で発表された井原西鶴《いはらさいかく》の『日本永代蔵』では、「世の願い事の中で、お金で叶わないものはほとんどなく、お金に勝る宝物はない」とした上で、「銀五百貫目（当時、金八三三三両余に相当）以上を持っている者を分限《ぶんげん》、長者《ちょうじゃ》は銀千貫目以上で、それだけあれば利息が利息を生む」と「金持ち」の定義をしている。

当時の米価は一石が銀六〇匁から八〇匁、最少の一万石の大名の実収入は四〇〇〇石（四公六民の場合は石高の四〇パーセント）だったので銀六〇匁で換算すると二四〇貫目、つまり一万石の大名は、町人の分限の半分以下だった。この頃には武士に対する町人の経済的な優位はゆるぎないものになっていたのである。

しかも、米が増産されるほど、米価は安くなり米に対する諸物価は高くなって武家の財政の窮乏化が進むという「米価安の諸色高《しょじきだか》」の構造が定着していた。この現象は、すでに元禄時代に現れ、寛政・天保の改革の時代になると、農村の荒廃と没落農民の都市への流入などが続き、農村の生産力低下や都市の治安悪化なども起こってくる。

こうした環境下で、武家社会の経済基盤である米本位経済を維持・強化させようとするのが、教科書でお馴染みの享保・寛政・天保の三大〝改革〟の狙いであった。したがって、農村の活力を高めて生産力＝年貢を増加させるという農政重視と、貨幣経済発達の原動力だった商品流通や都市の経済活動に対する引き締めが共通している。武家階級からみれば「改革」だったが、貨幣経済の浸透や経済発展の見地からみれば、逆の評価になろう。

## †大名と蔵屋敷

諸大名の蔵米のほか、米以外の特産品である蔵物《くらもの》は、大坂の蔵屋敷に運ばれて売却・換銀された。蔵屋敷は中之島を中心に土佐堀川など水運の便のよい場所に建てられていた。元禄期（一六八八〜一七〇四）には九五か所、天保期（一八三〇〜四四）には一二五か所と、時代によって増減があった。そして、米の現物経済と貨幣経済を結びつける機能を果たしていたのであった。なお、町人の蔵は納屋《なや》といった。

大名は蔵屋敷に留守居《るすい》などの蔵役人を置いて、蔵物の出納事務を行わせた。武士である留守居が蔵屋敷の代表者で、その下に蔵元《くらもと》、掛屋《かけや》といった出納実務を扱う町人が出入りしていた。はじめの頃は留守居が蔵元の職務を行っていたが、寛文年間（一六六一〜七三）頃になると町人が代わるようになっている。蔵元には有能な商人、掛屋には本両替があてられるようになり、蔵元と掛屋を一人で行うこともあった。複数の大名家の掛屋を兼務して、それぞれから扶持米《ふちまい》＝給料を貰う有力町人もいた（幸田一九三四）。

その後、これらの町人が蔵物を管理するようになった。蔵物を有利に換金するには市況や取引行為についての専門的なノウハウが必要で、大名の家臣が直営で処理するには複雑すぎたからである。それ以上に、赤字財政が定着していた大名財政への信用が低下してきたため、大名は蔵物を担保にしなければ町人から金融を受けられなくなっていた。

掛屋は、蔵物の販売代金の出納を任された御用町人であるのと同時に、大名家の「指定金融機関」でもあった。売却代金を江戸屋敷や国元に送金するとともに、蔵物を担保にして大名に資金を貸した。つまり、町人が大名財政の心臓部を実質的に取り仕切るようになっていたのであった。こうした蔵元、掛屋、用聞のことを立入町人《たちいりちょうにん》といった。

## †幕臣の金融を支えていた札差

将軍直属の家臣団である旗本・御家人の多くは幕府から蔵米《くらまい》（現米《げんまい》のこと、江戸時代には稟米《りんまい》と書いた）を給料として支給され、日々の暮らし＝消費活動に充てており、小身の幕臣ほど蔵米に依存していた。この蔵米は浅草御蔵で現米で支給され、それが蔵前の札差の手で現金化された。旗本・御家人から蔵米の受領と売却を請負うことが札差業の起こりである。札差に蔵米の換金を依頼する旗本や御家人は、札旦那《ふだだんな》と呼ばれていた。

札差は米本位制と貨幣経済を仲介する機能を持ち、幕臣から現米を購入して、それを江戸市中に売却する時の米価差益で大きな利益を上げていた。享保九年（一七二四）に一〇九株が公認され、浅草の幕府米蔵付近に大きな店を構える江戸の代表的な豪商となっていた。ところが、日々の生活費にも事欠いた札旦那たちは、唯一の収入である蔵米を担保にして札差から高利金融を受けるのが常であった。札差には幕藩体制に寄生する性格もあったが、米本位経済が貨幣経済に取り込まれる中で幕臣の経済を支え続ける役割も持っていたのである。

幕臣は、収入の形態では知行取《ちぎょうどり》と蔵米取《くらまいとり》に分けられる。知行取とは領主のことで大身《たいしん》の旗本に相当し、将軍から委任された領地に対する支配権に基づいて年貢を取り立てた。収入は石高単位でいわば年俸の形で表示されていた。蔵米取には切米取《きりまいとり》と扶持取《ふちどり》がいて、切米取は旗本のなかでも下級旗本、扶持取は御家人にあたる。このほかに浅草米蔵から幕臣に支給される現米には職務給にあたる禄米があったが、これは知行取、切米取のいずれにも支給され、実際には現金の場合も多かった。

幕府米蔵から支給される切米取は、俵数で〝俸給〟高を示し玄米で支給された。切米の支給は年三回だったため三季御切米ともいい、春（二月）四分の一、夏（五月）四分の一、冬（一〇月）二分の一を年給の形で支給された。春と夏の支給分は借米、冬の支給分は切米などと呼ばれた。扶持取は日給を月単位で支給されるようなもので、一人扶持《いちにんふち》は一日あたり玄米五合の給与で一か月一斗五升の計算になった。

## †札差の収入のカラクリ

札差の収入には、札差料や貸付金の利息収入、米の転売利益などがあった。札差料は蔵米の受取手数料（一〇〇俵につき金一分）と売却手数料（一〇〇俵につき金二分、これを玉落《たまお》ちといった）だったが、輸送費などを差し引くと札差の手元にはあまり残らなかった。

札差は札旦那である幕臣から利息を取り立てた。高利ではあったが、当時の市中金利よりもマシであり、他にまとまった現金を貸す者もなかったので、札差への依存が強まり、支給される蔵米のほとんどを返済に充てる幕臣も珍しくなかった。

札差金融に対して幕府は最高利息をたびたび公定した。享保九年に札差の株仲間が公認されたときの札差の利率は年一五パーセントで、寛政元年（一七八九）に年一二パーセントに下げられた。一方、一般の金銭貸借の利子率は、寛保元年（一七四一）に年一五パーセントだったのが天保一三年（一八四二）に年一二パーセントとなり、それに伴って、札差の利子率も年一〇パーセントに引き下げられている。

しかし、この公定金利に拘束されるのは札差だけで、架空の出資者を仕立て上げて、そこから札差が金を借りることにして、その金を札旦那に融資する形が取られた。これは幕府の利息制限を逃れる便法で、それに加えて札差は自分が行った融資の斡旋に対する礼金や奥印料なども取った。札旦那が返済に行き詰まると、証文を書き換えるという名目で、同じ月の利息を二重に取ったが、これを「月踊り」といった。

一方、蔵米を引き受ける時には米を買い叩いて米価安を誘導し、市中に売り払う時期になると供給量を絞って価格を吊り上げて大儲けをした。この差益収入が札差業の旨みであり、札差が江戸市中に供給する米は年間四〇万～五〇万石にのぼった（幸田一九三四）。

下級の旗本や御家人の窮乏は深刻であった。札差や質屋などの町人に頭を下げて借金をしても、その完済は困難で慢性的な借金地獄に陥る者が多かった。借金の申込に訪れた幕臣に対して、手代や番頭に高圧的な応対をさせて当主は面会もしないといった札差の行状が日常化していた。武士の体面どころか、「武士の義気」などは地に落ちるほかなかった。これが「下勢上を凌ぐ」風潮である。

### ✝成功しない棄捐令

そうした状況の中で、老中首座に就任した松平定信が幕臣の救済手段として、寛政元年（一七八九）に「古借棄捐《きえん》利子引下」すなわち棄捐令を発動した。この措置によって、天明四年（一七八四）以前の借金は一切帳消、天明五年から寛政元年までの借金の利率は年利六パーセントに引き下げ、寛政元年以降の分は年利一二パーセントと定められた。その結果、札差が失った債権総額は一一八万七八〇〇両にのぼった。

その一方で、札差向けの資金供給のために、浅草蔵前猿屋町に猿屋町会所を開設した。その資金源は幕府出資の無利子資金一万両と、勘定所御用達の豪商から出資させた三万三〇〇〇両で、実際の事務は町年寄樽屋与左衛門の支配下となった。勘定所御用達には三谷三九郎ほか九名の両替や酒屋などが任用されたが、彼らは、江戸経済や江戸地廻り経済の発達に伴って成長した江戸の地元資本であった。元禄期の江戸の豪商の多くが上方系の江戸店だったことに比べると、その後の江戸の経済発展を象徴している。

この施策は、定信の政治信念であった「金穀之柄、上に帰候事」、つまり商業資本が支配していた米価・金銀相場を幕府のコントロール下に置くためだった。しかし、棄捐令の効果や評判は芳しくなかった。債権を失った札差たちは、金融逼迫を理由に旗本・御家人への融資を断ったため、幕臣たちは著しい金詰りに追い込まれた。そのため、幕臣たちは債務帳消しを喜ぶどころか、この措置への不満を募らせた。ところが定信は、著書『宇下《うか》人言《ひとごと》』で「札差が金を貸すから御家人たちが借り続けるので、貸さないことが結局は仁政」だと述べているが、市場経済が相当発達していた当時、両替や札差に代表される都市の商業資本たちから反撃を受けて、思うような効果を上げることはできなかった。

札差たちの対抗措置としての営業休止は、正徳・享保や元文の貨幣改鋳の際に両替屋たちも行ったように、幕府への有力な対抗手段だった。天保改革の時も、質屋に対する貸金利息の規制に対抗した質屋たちが同盟して休業している。自律的機能を持った商工業者の組織は、単に当局の命令を組織内に周知徹底させるだけのものではなかったのである。

## 3　お金を制する者が天下を制する

### †両替と金・銀・銭の変動相場制

第3章で述べたように、天下統一のプロセスを経て通貨発行権を握った家康は、慶長六年（一六〇一）、新たに「徳川の通貨」を作って流通させた。家康による統一通貨の発行は日本で貨幣経済が浸透していく直接のきっかけになり、「お金を制する者が天下を制する」世の中の扉を開けたのであった。それと同時に、統一通貨の発行は、日本の経済が大陸からの影響を陰に陽に受けていた構造を改め、経済面での日本の独立性を高めた。戦国時代までは宋銭や明銭が広く流通していたのである。歴史的な観点からすれば、貨幣経済の発達と、日本の経済的な独立性の強化は、資本主義的な経済システムを定着させるだけではなくて、二六〇年間の成長の時代が続いた理由の一つであった（鈴木二〇一三a）。

このとき造られたのが金貨の慶長金（慶長大判、慶長小判、慶長一分金）と、銀貨の慶長銀（慶長丁銀《ちょうぎん》や慶長豆板銀《まめいたぎん》）である。第3章の相良氏の江戸屋敷建設でもみたとおり、すでに慶長期には、金・銀・銭の三種類の貨幣が変動相場で取引されていた。そして、両替たちが変動相場から大きな差益を獲得する世の中になっていくのであった。

江戸時代のお金の使われ方は複雑であった。金・銀・銭の三貨の純度や重さは、貨幣改鋳によって江戸時代を通じてそれぞれ何度も改められたので、たとえ額面が同じ「一両」の小判でも、種類が違えば量目《りょうめ》＝重さも金の含有率も異なるので、価値＝購買力に差が出るのは当然のことであった。

金貨と銭は、一枚の額面が一両あるいは一文《もん》と定められた計数貨幣、定額貨幣であった。一方の銀貨は、丁銀が海鼠《なまこ》型、豆板銀は厚ぼったい「おはじき」のような形をしていたが、いずれも額面や重さは決まっておらず、取引のたびに秤《はかり》で計量する秤量貨幣《ひょうりょうかへい》であった。

さらに、金と銀の使われる地域が違っており、大坂・京都などの上方、日本海沿岸や中国・九州地方では主に銀が通用していたが、江戸をはじめとする関東や東国は金の通貨圏となっていた。日本列島は、金遣いと銀遣いの経済圏に二分されていたのである。ただし、同じ場所でも、取引される商品やサービスによって使われる貨幣の種類が違うこともあった。現在の感覚では、金・銀・銭の順で価値が高いと思われがちだが、それぞれが対等な

図表5－1　金・銀・銭（三貨制）の関係

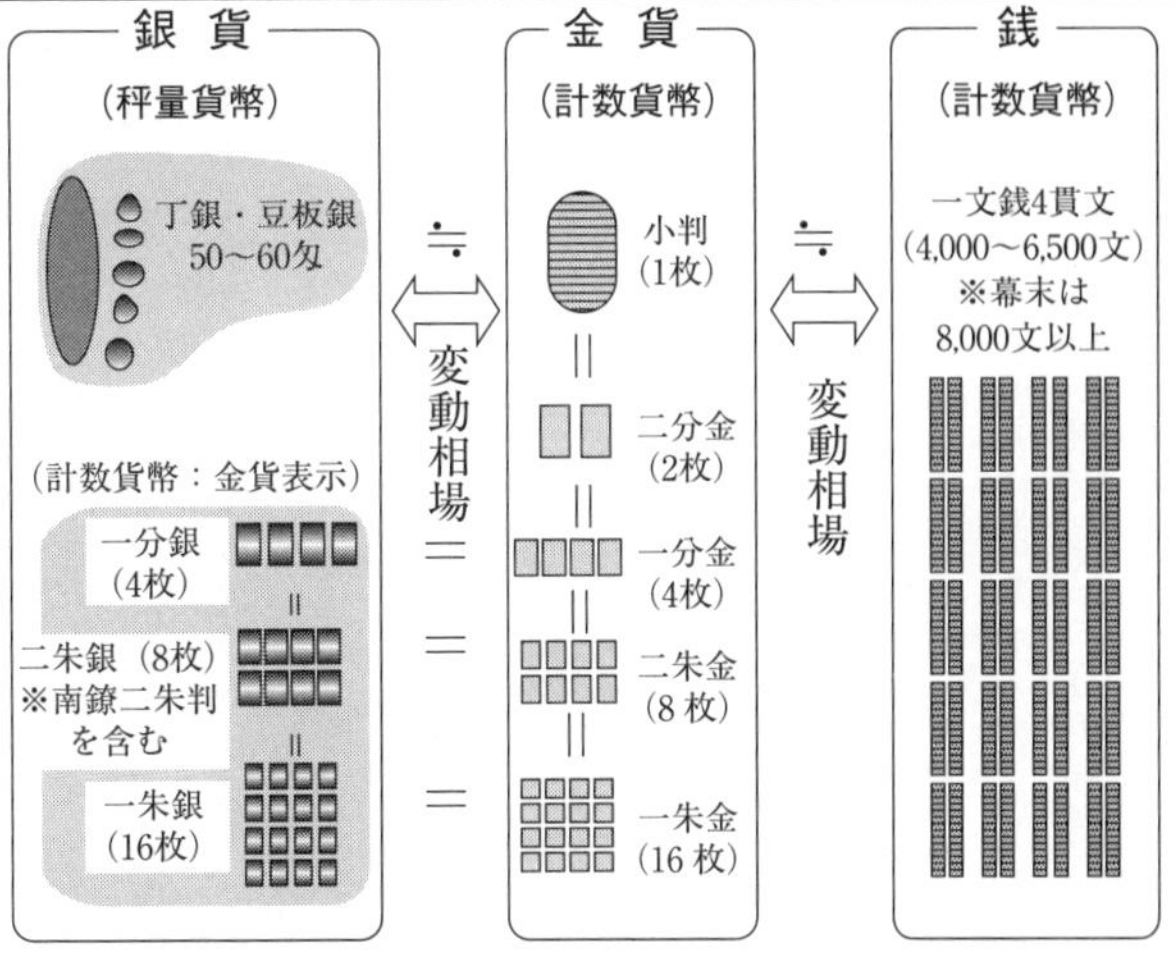

参考：日本銀行貨幣博物館ＨＰ

本位貨幣として使われていた。そこには、金・銀・銭がそれぞれ別個の経済的な価値を表していたという事情もあった。このような貨幣制度を三貨制という。

金と銀の流通圏の違いを調整するのが金銀相場で、日々の金・銀・銭の交換比率は変動した。機能的には現在の円・ドルの変動相場制と同じである（図表5－1）。

幕府はたびたび金・銀・銭の交換比率を公定しているが、貨幣博物館（日本銀行金融研究所）によれば、公定相場は慶長六年度（一六〇一）では金一両＝銀五〇匁＝銭四〇〇〇文、元禄一三年度（一七〇〇）からは金一両＝銀六〇匁＝銭四〇〇〇文、天保一三年度（一八四二）からは金一両＝銀六〇匁＝銭六五〇〇文とされたが、幕末になると金一両＝銭八〇〇〇文以上になっている。しかし、実際の交換レートはそのときどきの経済環境によって変動した。実質的には両替たちの取引の場である金銀市場で交換比率が決まり、そのこともあって両替は江戸時代を代表するビジネスになった。

## †お金の流れを支えていた両替

両替は金・銀・銭貨の交換＝両替のほか、融資、預金、為替、手形発行など今日の銀行にあたる業務を行っており、江戸と大坂を含む全国的な資金や物資の流れを支えていた。金・銀・銭の交換などで両替手数料を得るとともに、三貨の変動相場制を通じて多額の為替差益を手にしていた。江戸、大坂、大名領どうしで流通する商品の売買代金の決済は、現代の国際貿易の決済方法と本質は同じである。同じ商品でも、売却時期やその土地の商品市況といった条件しだいで価格も一定ではなかったため、両替に限らず大きな商人ほど商品の発注時期や決済の潮時などを決めるために常に金銀相場を注視していた。江戸では銀相場が安い時（金高銀安）に上方から商品を買うのが有利、逆に大坂では金相場が安い時（金安銀高）に江戸方面に売ると得になったのである。

こうした三貨の変動相場は、両替の発達に限らず、市場メカニズムを発展させ、江戸時代の日本で資本主義的な経済システムが育っていく条件になった。

江戸の両替には本両替と脇両替があり、脇両替には三組《みくみ》両替と番組《ばんぐみ》両替があった。本両替は主に金銀を扱い、為替、貸し付け、新古金銀の引き換えのほか、公務として上納金銀の鑑定・包立《つつみだて》、銀相場や銭相場の幕府への報告業務などを行っていた。本両替は、日々、相場を見ながら金と銀の両替や売買をしていたが、その様子は現在の為替ディーラーが、外国為替の取引を行う構造とほとんど変わらない。

三組両替は銭両替だが、金銀も扱い、ほとんどが酒屋、質屋、油屋などを兼業していた。江戸では日本橋の本両替町（現在の中央区日本橋本石町）、駿河町（現在の中央区日本橋室町）などの往来（公道の路上）に三組と番組両替が集まって銀相場（金一両に対して銀〇〇匁と建てた）が建てられたが、後に相場立会仲間を結成して取引所が設立されている。銭相場（金一両に対して銭〇貫〇〇文と建てた）は日本橋青物町、日本橋四日市（ともに現在の中央区日本橋一丁目）と移転した後、本両替町で建てられた。銭相場は銭両替行事（銭両替の仲間の役員）から毎夜、本両替行事（本両替仲間の役員）に報告され、本両替行事は銀と銭の相場を駿河町の名主に報告し、それが町年寄の樽屋と幕府勘定所に通知された。公金の為替送金をはじめ、米価安の諸色高のなかで幕府は銀・銭相場にも常に関心を払っていたからである。

有力な両替は大名貸《だいみようがし》や商人貸を手広く営んで利息を得ていた。大名貸とは町人が大名にお金を貸すことである。しかし、大名の財政難が深刻になると、大名貸の焦げ付きが増加した。そのため、江戸初期に活躍した室町時代以来の大両替の多くが、天和から元禄期にかけて倒産し、鴻池や三井といった商品流通と結びついた新興両替に取って代わられた。

しかし、宝暦期以後になると、江戸周辺を含む東国全体の経済が発達した。これが「江戸地廻り経済」である。江戸に流入する物資では「下りもの」の割合が高かったが、江戸市中には上方以外の産地・ルートからもさまざまな消費物資が供給されるようになった。「下りもの」は廻船で江戸に送られ、その代金決済・送金は本両替が行っていたが、江戸の三組両替は、地回り経済に立脚する江戸の問屋商人への信用供与や商業金融に乗り出して成長し、本両替の独壇場だった大名貸にも参入した。その結果、それまでカネの流通を独占していた上方系の本両替は、三組両替にシェアを奪われていった。地廻り経済の成長のなかで金融市場のニッチを突いて生まれてきたのが三組両替だったわけである。

### ✝通貨と米をにらんだ経済政策

享保改革の時代、米将軍と呼ばれた吉宗が苦労したのも、米価維持と物価抑制を通じた幕府財政の立て直しであった。享保の頃になると、前述のように、米を作れば作るほど米価は低迷し、武家の貨幣収入には結びつかなくなっていた。

そこで考えたのが、元文元年（一七三六）五月に布告した金銀改鋳《かいちゅう》による米価のアップと諸物価の低め誘導である（鈴木二〇一三b）。その時々の環境の変化によって三貨の相場が変動するのを睨みながら米価対策を行うには、高度な経済感覚と専門知識が必要だった。

当時の物流では、主に上方から江戸に商品が送られ、その代金決済は為替で江戸から上方に送られていた。物資の大消費地である江戸は、上方に対して江戸時代を通じて入超傾向で、現在流にいえば貿易赤字の体質だった。そこで元文の金銀改鋳では、金と銀の比率を調整して銀安・金高に誘導して、銀に対しては米価を上昇させて武士の収入を割り増すとともに、銀建てで決済する消費物資の価格引き下げを狙ったのである。

当時、市場に流通していた正徳・享保金銀の品位は慶長金銀と同じで、金貨（小判と一分判）の金純度は八四〜八六パーセント、銀貨（丁銀と豆板銀）の銀純度は八〇パーセントであった。それに対して、元文の改鋳では金貨の金純度を六六パーセント、銀貨の銀純度を四六パーセントに落としたのであった。つまり、慶長金・銀の品位をおのおの一〇〇とすると、金を六〇、銀を五八にしたわけである。その狙いは、金に対して銀の品位低下の程度を高くして、銀安・金高を作り出すことにあった。

## †想定外の銀高相場

　ところが改鋳直後の元文元年六月、幕府の思惑とは反対に銀相場が高騰した。それまで金一両が銀五七〜六〇匁だったのが、元文金一両では元文銀四九匁以上になってしまった。これをきっかけに、大岡越前守をはじめとする幕府と両替たちの間で大紛争が勃発した。

　六月二五日夜、幕府の為替を取り扱っていた本両替の泉屋三右衛門は勘定奉行細田丹波守から呼び出されて銀相場と両替手数料の高騰の理由を問いただされた。本両替仲間にまとめさせて翌日提出した書面には「諸大名家の銀需要が多い上に、上方への支払いを元文銀で行うため、銀が払底して高値になった」「両替商にさえ新しい元文一分判が回って来ない上に、両替希望の諸大名が手数料を上乗せしているため」などとあった。

　この回答に納得しない大岡越前守は、その日のうちに、本両替町と駿河町の両替たちに至急全員出頭せよと命じた。大岡は、両替たちによる銀の囲い込み、占め売りが銀高騰の原因だと睨んでいたからである。ところが出頭してきたのは代理人ばかりで両替の当主は、病気・外出などを口実に一人も出てこなかった。怒り心頭に発した大岡は、出頭してきた代理人の全員を捕えてしまった。

　それに対して、両替たちは臨時休業し、翌日、「手代が牢に入れられたので止むなく休業しました。家業に差し支えますので、どうか釈放して下さい」と嘆願した。享保三年（一七一八）の正徳・享保金銀への切替えの際にも、大岡に同様の対抗手段を講じて一定の効果を挙げていた両替たちとしては、伝家の宝刀を抜いた積りだったのかも知れない。しかし、大岡もそうした対抗手段は織り込み済みだったとみえて、「手代どもを吟味している時に、休業して金融をストップさせているのは不届きだ」と強気に出た。町年寄の奈良屋から大岡の反応を知らされた両替たちは、慌ててその日のうちに店を開けている。

結局、大岡の寺社奉行への転任後の八月一九日になって全員の出牢が許された。五三日に及ぶ手代たちの入牢の間、両替たちと大岡の攻防は水面下でも続いたが、「当時の日本の経済の実権を握っていた金融資本との苛烈な闘いのあげく、格は上だが実務権限のほとんどない、寺社奉行に敬遠」されたというのが、その結末であった（大石一九九一）。

## †市場を活用した対応

強権的な対応の一方で、元文の金銀改鋳では新金銀の通用促進の工夫もされていた。五月の改鋳布告のなかで、まず、金純度八四パーセントの慶長小判、八六パーセントの享保小判、六六パーセントの元文小判ともに一両は一両の額面どおり、銀純度八〇パーセントの慶長銀と享保銀も四六パーセントの元文銀も一〇貫目は一〇貫目として通用させるとした。しかし、これだけでは品位の高い慶長金銀や享保金銀が退蔵されるおそれがあった。

そこで、予め引替金銀（慶長金銀や享保金銀）を金座・銀座に持ち込んで新金銀と交換すれば、享保小判一〇〇両を元文小判一六五両、享保銀一〇貫目を元文銀一五貫目に割り増して交換する措置を取った。これを増歩《ましぶ》といった。先に新旧貨幣の引替をして増歩を手にしてから決済に充てた方が有利になるため、元文小判の浸透が早まる計算であった。

日本銀行金融研究所貨幣博物館ホームページ「日本貨幣史」によれば、こうした改鋳により、経済情勢は好転し、元文小判はその後約八〇年にわたり安定的に流通したとされる。その後、元文小判が市場に浸透していくとともに、金銀相場も幕府の希望するレートである金一両が銀六〇匁に収斂していった（大石一九九四）。

享保改革は、貨幣経済が進む中で幕府や武家の経済的優位を維持する目的で行われた。したがって、経済の流れからすれば「改革」というには無理がある。しかし、金銀の変動相場と上方・江戸間の商品の流れを踏まえた上での改鋳＝通貨政策がそれなりの成功を収めたということは、幕府の経済政策がすでに市場メカニズムに支配されていたことを象徴するだけではなくて、それを上手く活かした政策も可能であったことを示している。

†問屋株仲間と市場経済システム

このように、元文の改鋳では、町奉行、町年寄、本両替仲間などが登場する。本両替仲間は本両替の組織する業界団体であった。この時代になると、仲間組織を相手にしなくては経済政策そのものが成り立たなくなっていたわけである。

徳川政権は信長・秀吉の楽市楽座の方針を引き継いで、商工業者の団体である座や仲間を禁じており、京都では板倉重宗の「御触書二十一カ条」のうち元和八年(一六二二)に改正された部分などには座の禁止条項がある。第4章でも紹介したように、江戸では明暦三年(一六五七)、①諸商人が同業仲間で申し合わせをして新規加入者に多額の礼金や弘《ひろ》メを強要すること、②商品の占め買いによって価格を吊り上げること、③新規営業者への妨害行為の禁止、などを通達する町触れを出している。幕府は仲間を禁止していたが禁令が頻出されるほど、すでに寛永期(一六二四~四四)から明暦期(一六五五~五八)には商人たちが仲間組織を広範に結成していたのであった。

それが、享保改革では扱いが変化する。改革の一環として、享保九年(一七二四)、米、酒、薪、塩、木綿、銭などを扱う江戸の商人が、町年寄奈良屋の役所に集められて組合(問屋株仲間)の結成を命じられた。組合による価格調整と、同業者の相互監視によって生活必需品の高騰を抑制するためで、この措置によって、問屋株仲間が公的性格を持ったものとして公認されたのであった。

「田沼時代」になると、財源確保のほか流通対策、輸出振興と貿易赤字の解消といった新たな経済政策の実施にあたって、幕府は問屋株仲間を活用するようになった。印旛沼干拓、対ロシア貿易を念頭に置いた蝦夷地開発などにも取り組んでいる。この田沼時代とは、宝暦八年（一七五八）に田沼意次が幕府の最重要事項の審議立案機関である評定所の実権を掌握し、明和四年（一七六七）側用人、安永元年（一七七二）老中となり、天明六年（一七八六）に失脚するまで、幕政のなかで権力を握っていた期間を指す（大石一九九一）。

当時、貨幣経済が質量ともに全国に浸透していたこともあって、日本各地で特産物の生産意欲が高まり、産地間競争も発生するようになっていた。そうした環境のなかで、市場や流通を対象にした政策を展開するには、マーケットを動かしていた商工業者が組織する問屋株仲間の活用が不可欠だった。その意味で、問屋株仲間の管理が、徳川政権を維持していくための政策として、より重要になっていたわけである。

問屋株仲間の公認では、一定の商品の販売や仕入れを行う同業者が構成する仲間のメンバーに対して、幕府が営業の独占を保障した。町奉行所では問屋株仲間の訴えにより、独占を破る者の商行為を禁ずるなどの措置を取った。その代わりに冥加金《みょうがきん》や運上《うんじょう》を上納させることも多かった。冥加金や運上は現在の流通税＝間接税に相当し、それまでの幕府の主要財源が米の現物＝直接税である年貢だったことと比べると「税制」の直間比率の転換といえるものであった。「米価安の諸色高」が不可逆的に慢性化していた中で、幕府は年貢収入に基礎を置く財政運営から、商品流通に財源を求めるようになったのである。

また、長崎貿易の赤字解消と外貨獲得のため、俵物《たわらもの》（煎海鼠《いりなまこ》・干鮑《ほしあわび》・鱶鰭《ふかひれ》）などの輸出用海産物の生産拡大と集荷システムの整備を全国的に展開したが、そこでも問屋株仲間の機能が活用されている。同様に、銅の大増産も組織的に実施した。俵物や銅の輸出が軌道に乗った結果、金銀流出に歯止めがかかり、獲得した清国銀貨を原料に明和五匁銀《めいわごもんめぎん》を新たに鋳造できるまでになった。貿易赤字は解消されて黒字になったのであった。

さらに、それまでの銀貨は秤量貨幣だったが、原料は銀でも南鐐二朱判《なんりょうにしゅばん》という新たな定額貨幣を発行した。「二朱判」という金貨表示の名称のとおり、銀で「金貨」を作ったのである。それは幕府の財源対策でもあり、当初は両替などの市場関係者からは不評だったので、町年寄や問屋株仲間などを使って通用促進に努めている。しかし、南鐐二朱判は、経済が拡大するなかで国内の通貨供給量を増やす効果だけではなく、取引に便利だったこともあって、その後定着している。

### †市場金利

一方、幕府資金の運用にも積極的だった。幕府は明和から天明期（一七六四〜八九）と文化・文政・天保期（一八〇四〜四四）に、資金を町人に貸し付けて運用を行っており、老中、町奉行、町年寄などが組織的に関与していた。商工業者を統括する町年寄を使って、さまざまな問屋株仲間の有力商人に資金を融資するものである。

一連の運用の中で最大のものは明和八年（一七七一）の貸し付けで、幕府資金五万両を町年寄経由で江戸の有力商人に貸し付けたものである。町年寄は取り立てた利息のうち、五〜一〇パーセント（二五〇〜五〇〇両）を事務諸経費の名目で受け取り、残額を幕府に納入する仕組みであったが、肝心の利率は、市場で決まったのであった。

この融資条件の決定プロセスをみると、担保の有無と利率に関して町人側と幕府側の主張が対立した。当初、老中は年利一〇パーセントで貸金相応の家質《かじち》（土地家屋担保＝抵当）を差し出させようとしたが、町奉行から諮問を受けた町年寄は「家質を取る場合の市中金利は年四〜七パーセントなので、それでは借り手がいない」と主張した。結局、運用益を実現したかった幕府は町年寄の主張を受け入れた。幕府も当時の市中金利と融資慣行に従わざるを得なかった点が、当時のマーケットの状況であった。

## †成立していた労働市場

戦国大名の軍隊組織では、戦闘員は当主のほか指揮官クラスの武士と兵卒である足軽《あしがる》からなっていたが、戦闘員以外の人員も含まれていた。戦場では、旗《はた》、馬印《うまじるし》、纏《まとい》、楯《たて》を持つ者、馬の口取《くちとり》のほか荷物運搬などの非戦闘員も必要だったのである。そうした非戦闘員は、領内の百姓などの動員や、運送業者を雇ってまかなっていた。

江戸幕府が武家政権すなわち軍事政権であったこともあって、戦国時代の軍隊組織の形態は江戸時代に引き継がれ、徳川政権下の大名・旗本の組織も階層構造の軍隊組織となっていた。戦時から平時に移ってからも、参勤交代の大名行列や江戸城への登城行列は軍隊行列の形式をとっており、行列を整える大名・旗本の石高に応じた格式と規模が求められた。第2章でも述べたように、参勤交代の行列は、そのまま戦闘行動を展開できる組織と人員、装備や兵糧を備えたものでなくてはならなかったのである。

江戸時代になると、戦国時代の馬印や纏よりも、行列の主のシンボルマークである槍印が行列の花形になっていくが、それらを持つ者や馬の口取りは中間《ちゅうげん》となり、荷物運搬は小者《こもの》となって、いずれも大名・旗本の組織に欠かせない存在であり続けたのである。しかし、戦闘がないのに、そうした要員を譜代すなわち〝正社員〟で確保するのは大名・旗本にとっては経済的負担が大きすぎた。そのため、国許から百姓を供出させて中間にすることもあったが、江戸時代の初めから、大名・旗本屋敷の中間・小者には一季居《いっきおり》といって雇用期間一年の奉公人が充てられることが多かった。その後、それはさらに拡大して、一季居の足軽や用人クラスまで現れるようになっている。足軽は武士に準じて大小を差し、羽織を着るが、中間は紺看板（紺の法被＝制服）に梵天《ぼんてん》帯、木刀一本という姿であった。

そこには、中間・小者の調達が、農民の徴用や臨時雇いによってスポット的に手当されていたという戦国時代以来の〝労働慣行〟が影響していたのかもしれない。

次章で詳しく述べるが、幕府は慶長一四年（一六〇九）以降、たびたび一季居を禁じたが、ほとんど守られなかった。譜代にするにはコストがかかりすぎたからである。結局、一七世紀後半になると当時の労働慣行を追認する形で一季居は解禁された。規制緩和をしないと慢性的な財政難に苦しんでいた武家社会そのものが立ち行かなかったからである。

寛文九年（一六六九）になると、江戸の武家奉公人の出替《でがわり》（契約満了）の日限が、それまでの二月二日から三月五日に変更された。翌年になると江戸の町方《まちかた》にも拡大され、その後、全国一律となった。商家も飯炊きや下働きの奉公人を雇わなければ事業が回らなかったのだ。つまり、武家も町方も、江戸は現在でいう「非正規労働者」ないしは「派遣社員」に支えられていたのである。

奉公人の多くは、農村から流れ込んだ人々や都市の下層住民たちで、人宿《ひとやど》や口入屋《くちいれや》といった大小多数の派遣業者が集めて屋敷や商家に斡旋した。派遣業者は労働者と雇用者とを取り持つ機能を果たしていた。これは労働市場の一つの形であり、百万都市江戸は、派遣労働者によって構成される労働市場の上に成り立っていたといえるのである。

その一方、奉公人を複数の屋敷に紹介して紹介料を二重に取る、病気になった奉公人を放逐するといった悪質業者の横行のほか、不良奉公人による盗みや出奔なども多発した。悪徳派遣業者を取り締まる法令も頻発されたが徹底しなかった。

また、本来なら、武士以外の身分でも武家屋敷に奉公している間は武家の法令が適用されたが、奉公人の不法行為は家中の取締の失敗と受け取られかねなかったので、それを表沙汰にできない弱みがあった。不始末で手討《てうち》になるような中間・小者はあまりいなかったのが現実である。そのため、主人を侮る奉公人さえ現れる始末で、江戸城登城の行列の奉公人どうしが大ゲンカを始めるといった光景は日常的だった。それは行列の大部分を構成する武家奉公人たちのパフォーマンスでもあった。契約更新を重ねた古参奉公人が中間部屋でボス化し、それが権益化することも珍しくなかった（根岸二〇〇九）。派遣労働者が強くなることで、雇主である武家屋敷側は苦労した。武家奉公人には、武家の本分である忠義は期待できなくなっていった。

安政七年（一八六〇）三月三日の桜田門外の変では、約六〇名の行列で登城中の大老・井伊直弼《なおすけ》は狙撃された上に首まで取られてしまった。応戦した供侍《ともざむらい》（士分と準士分の者）には死者八名のほか重軽傷者もあり、乗物を担ぐ陸尺《ろくしやく》と草履取《ぞうりとり》にも負傷者があった。

その一方で、非戦闘員の中間・小者はともかく、「お供たちは逃げ散り、応戦する侍もいなかったようだ」という襲撃に巻き込まれた中間の証言もある。約一年後、一八名の生き残りの供侍は死罪七名のほか入牢等になったが、死亡者を含めても行列の半数にも満たない。直弼の廻りには陸尺、手廻り、草履取など派遣の密度が高かったとみられるが、行列には足軽（兵卒）もいたはずだが、その記録は見当たらない。井伊家の行列の実態については改めて検証が必要だが、当時、江戸城登城や参勤交代の行列の体裁を整えるために供廻りの足軽や陸尺、中間などを派遣で手当てするのが一般的だった。道中は最低限の人数で済ませて、中仙道でいえば江戸に入る板橋宿で行列を大がかりかつ美麗にするために派遣を雇うのも日常の光景だった。しかも事件は三月五日の出替の直前だった。そうなると、重要な局面で一季居、すなわち労働市場に依存しすぎて「正社員」の戦闘員が少なくなっていた可能性も高く、それが主君を死に至らしめた可能性も否定できない。

武家政権ゆえに一季居の奉公人が不可欠な社会になり、その需給が人宿や口入屋を介して調整されていたことは、労働市場の一形態といえるが、そうした資本主義的な仕組みが定着・成熟した結果、武家社会そのものを揺るがす事態に至っている点は皮肉であった。

第６章
# 都市問題とセーフティネット

安政江戸地震の後に大流行した「鯰絵」。地震直後の“悪いナマズ”を退治する図から、復興需要で潤った建設業者たちが“ありがたいナマズ”を芸者をあげて接待する図へと変わった。「安政大地震絵（鯰大尽の遊び）」（国立国会図書館デジタルコレクション）

## 1　都市下層の人々

### †光と陰

これまで、江戸城と城下町の形成、それによる経済への影響、江戸の発展を支えた経済システムや、江戸の維持管理の仕組みなどを紹介してきた。それらを「光の部分」だとすれば、江戸が巨大な都市になったがゆえに生じたさまざまな都市問題は「陰の面」である。しかし両者は、表裏一体の関係にあった。

当時は、士農工商の身分制とともに、上級武士と下級武士、大店の経営者と零細業者といったように、同じ身分内でも経済力の差が大きい世の中だった。その意味で、江戸時代は「格差の時代」でもあった。しかも、飢饉による餓死や人身売買のほか、傷病人の遺棄なども珍しくはなく、現代でいう「絶対的貧困」とも隣り合っていた。百万都市・江戸では、人口集中による過密化や貧窮者の増加による社会問題の発生、米価安の諸色高による幕臣の窮乏化などが構造的な問題となっていた。

しかし、そうした「格差」や「貧困」といった「陰の部分」があったものの、江戸時代は約二六〇年間も続き、元禄文化や文化・文政期の庶民文化も花開いたのであった。「格差の時代」ともいえる江戸時代に、日本が成長・発展を遂げた背景には、「陰の部分」の問題に対する、都市経営や経済政策、社会政策などの展開があった。そこでは、「格差」があっても「活力」が生まれることに努力が払われていた。それらの取組は、その時々の経済や社会の環境の変化に応じた試行錯誤の積み重ねであるのと同時に、明治以降の日本の近代化の礎《いしずえ》にもなっている。そこでこの章では、この「陰の部分」への対応――それも百万都市江戸を管理する仕組みでもあった――について述べていく。

## †江戸は天下の掃溜め

さまざまな江戸の都市問題の底流にあったのが貧窮者の増加であった。当時の表現でいう「末ゝ之もの《すえずえの》」「裏ゝ之もの《うらうらの》」といった都市の細民のことで、飢饉による米価高騰や物価高などが起こると、彼らは打壊しの原動力になった。とりわけ寛政期（一七八九～一八〇一）以降、その予防対策として、後述の七分積金《しちぶつみきん》の制度が創設されるなど、増大する貧窮者の存在は、幕府のさまざまな政策に大きな影響を及ぼしている。

貧窮者の増大は、江戸の構造的な問題として、享保期（一七一六～三六）頃から寛政期、天保期（一八三〇～四四）と時代を経るにしたがって拡大していった。そこには、農村で食い詰めた没落農民が江戸に流れ込んだという事情もあったが、江戸時代の初めから、江戸が単身の労働者を大量かつ継続的に引き寄せる構造となっていた点も大きく作用していた。

第3章でも述べたように、江戸時代の初期から、天下普請によって当時の日本の国富の相当部分が江戸に投入され、大規模な工事も継続していた。そのため、建設関係の労働者が、工事の進捗の程度に影響されながら、絶えず江戸に出入りしていた。そして、関東の百姓たちが、江戸の城郭工事に従事して銭を手にして喜んでいたように、その頃から貨幣で労働力が売買される世の中が始まっていたのである。また、参勤交代により、諸大名の家臣が全国から単身で江戸に赴任することが定着したほか、前章で触れたように江戸時代の初期段階で、武家屋敷は一季居の奉公人が居なければ成り立たない状態になっていた。

商家も同様であった。経済が成長し、巨大な消費都市となった江戸には、商工業者がビジネスの機会を求めて集まった。上方から江戸に進出した商家では、丁稚や手代、番頭などの従業員は本国から呼び寄せる場合が多かったが、飯炊きや下働きなどは一季居や半期居の奉公人などで手当てするのが一般的だった。

そのため、武家も町方も、単身の男性が圧倒的に多く、当時の言葉で「江戸は天下の掃溜め」といわれるほど、他国出身者の占める割合が高い都市となっていた。それを反映して遊女や私娼も多く、江戸初期に、上方から遊女が〝進出〟した記録も残っている。

## †一季居の武家奉公人

一年期の奉公人には、武家の若党、中間、六尺などの小者のほか、下女なども含まれており、その後、用人などの中級武士にも及ぶようになった。それに対して、幕府は慶長一四年（一六〇九）以降、数年に一度の割合で一季居を禁じている。下働きとはいえ、武家に仕える者としての忠誠心を期待できなかったからだが、禁令を詳しく見ると、それだけの理由ではなかった。慶長一五年（一六一〇）に一季居が再禁された際には、「侍はもちろん、奴僕までも一年期の定約をもて召し抱えてはならない」（『台徳院殿御実紀』、『東京市史稿』産業篇第三所収）としたうえで、原文では「御出陣御上洛の供奉するか、あるは営築にあづかるか、御使命せらるゝかのよし伝聞て、暇をこはゞ曲事《くせごと》たるべし」となっている。この時期は、まだ豊臣秀頼が大坂にあって、徳川氏との緊張が高まっていたので、諸大名が軍役で動員されるのが必至の情勢で、家康や秀忠が上洛したうえでの〝最終決戦〟も予想されていた。しかも、天下普請によって多くの普請工事＝営築が諸大名に命じられていた時代でもあった。

合戦ともなれば、中間、小者は非戦闘員であっても、主人の馬印や纏《まとい》持ち、兵站輸送などで戦場に動員される。将軍や大御所の上洛があれば、それにお供する諸大名も多数となって一季居への需要は高まるが、京都に上るだけでも道中の労働はキツい。普請に動員されれば、これまた〝労働強化〟が待っている。それゆえ、そうした情報を耳にすれば転職して逃げ出そうとするのは自然の成り行きであった。それが「一季居は忠誠心に欠ける」という評価につながったのだろう。しかし、労働条件の良し悪しに敏感に反応して、奉公先を辞めたり変えたりできる実態もあったわけで、職業選択の自由度は高かったとみることができる。流動性の高さゆえ、慶長一八年（一六一三）の禁令では、一季居の禁止とともに、武家奉公人が奉公を辞めて行商人になることを特に禁じている。

いずれにせよ、禁令の頻発が示すように、一季居の禁止はほとんど守られなかった。それだけ需要があったからである。それを反映して、元和二年（一六一六）の禁令では、一年期の奉公人の保証人になることも禁じられた。この保証人は、人材派遣業の初期の姿といえるもので、一季居奉公人の需要と供給が江戸で定着し、両者を結び付けることがビジネスとして成り立つようになっていたことを物語っている。

元和五年（一六一九）の禁令では、一季居を禁止するとともに、契約期間中に逃亡して他家に仕えたり、陣中や上洛、普請現場からの逃亡を最も重大な曲事とした。そして、元の主人の許に逃亡者を連れ帰るのは保証人の責務とされ、それができなければ、保証人は逃亡した奉公人に主人が支払った給米を弁償するか、百日間の入獄となった。相変わらず、主人の軍役、上洛、天下普請への動員を嫌って逃亡する奉公人が多かったわけである。奉公人たちは、けっこう勝手に就職先を選んでいたのであった。

寛永四年(一六二七)になると、一年期の中間・小者を抱えた主人は罰金、奉公人は獄につなぐか譜代にして〝正社員化〟するかし、保証人も入獄か罰金となった。こうなると、禁止はしているが、一季居の中間・小者の存在が前提となっていた観がある。罰金で処理しないと、現実に追いつかない状態になっていたのであろう。譜代にするには武家屋敷側にすればコストがかかり過ぎるし、好景気の時には奉公人たちにも不人気であった。

さらに、寛永一三年(一六三六)には、将軍の日光社参に際して、一季居は当年に限ってそのまま雇用することになり、正保五年(一六四八)、慶安二年(一六四九)にも同様の理由で、一季居の雇用期間を一年間延長している。将軍の日光社参は、供奉する諸侯の行列も含めて、壮麗かつ大規模にする必要があったので、武家奉公人を確保しなくてはならなかったからである。こうなると、禁令を頻発する一方で、幕府も一季居の労働慣行に依存した社会構造を追認せざるを得なくなっていた。それを反映して、明暦元年(一六五五)になると同様の禁令が再び出されたが、但し書きには「ゆへよしあるは苦しからず」とあり、法令上も規制緩和が進んでいた。

明暦大火は、このような流れを決定的なものした。大火直後の明暦三年（一六五七）正月二九日、復興需要が高まる中で、武家屋敷の奉公人の確保が難しくなることや、人件費高騰に危機感を抱いた幕府は「今年は、一季居には一切暇を与えない」「前年の給与のまで雇用せよ」と命じた。この年の暮には、この措置を延長し、翌年の一季居奉公人も今年と同様の待遇で引き続き雇用せよと命じるとともに、無札（無許可）の日傭《ひよう》人足を禁止した。一季居の奉公人が転職して、復興需要によって賃金水準の跳ね上がっていた日傭取＝日雇労働者にシフトすることを防ぐためであった。

寛文八年（一六六八）一二月になると、翌年から一季居奉公人の出替を二月二日から三月五日に変更することが命じられた。翌年正月には、町人が雇用する奉公人についても、一季居の出替期日は三月五日に変更することを命じ、町中の家持はもちろん借家・店借りなどまで徹底せよと命じている。一季居の禁止は、すでに過去のものであった。

一季居の奉公人も含め、求職者の奉公先を斡旋し、雇用契約が成立すると主人（雇用主）と奉公人の双方から謝礼を取るビジネスを人宿《ひとやど》と呼んだ。前述の保証人（原文では証人・保人）の進化したもので、寛永期（一六二四〜四四）には登場していたとみられる。桂《けい》庵《あん》・慶安・口入《くちいれ》などともいった。武家奉公人や商家の下男・下女などの供給は人宿が大きなシェアを占めていたが、第5章でも述べたように、悪質な人宿も多かった。

## †江戸に引き寄せられる人々

自給自足で経済が回っていた農村に、貨幣経済が浸透するようになると、自給自足は成り立たなくなっていった。その過程で、中小規模の本百姓の農地が、大規模・有力な百姓に集約されることも多くなった。農地の売買は禁じられていたが、農地の質入れや質流れが珍しくなくなり、土地を事実上手放した本百姓が小作人などに没落するケースが増加した。喰えない農村に見切りをつけて都市に移り住もうとする圧力も高くなった。

この傾向は、米価安の諸色高が進んだ享保期頃にはかなり進み、天明から寛政期になると相当深刻な社会問題となっていた。それは領主経済の根幹を揺るがしたので、幕府も諸大名も、本百姓＝自作農の維持に懸命に取り組んだが、この流れを止めることはできなかった。とはいえ、江戸時代の当初から単身労働者への需要が多かったのが江戸の構造だったことを考えると、農村から没落農民が江戸に押し出された面とともに、江戸が窮民を引き寄せた側面もあった。江戸は、全国の経済を牽引したが、農村で困窮し、没落した元・自作農の受け皿になって、彼らに衣食住の機会を提供した事実も否定できないだろう。

ところで、江戸での貧窮者の増加については、町人の階層分化によって都市の貧困層が形成された、あるいは農村の階層分化によって農村で食い詰めた人々が江戸に流入した、と説明されることが多い。しかし、それとは別に、これまで述べてきたように、江戸時代の初めから、現金収入を求めて江戸に農村からの出稼ぎや移住が起こっていることも事実であった。それは、農村で貨幣を得るために商品作物の生産に力を入れるのと同じ感覚だったのかもしれない。〝階層分化〟が始まる前から、江戸には、建設資材の供給業者や専門技術者などのほか、技術を持たない肉体労働者も多数集まっていたのである。

一方、「百万都市」江戸での貧窮者の増加は、都市問題となって顕在化した。天保期の町方人口は約五五から五六万で、その半分が「其日《そのひ》稼《かせ》ぎの者」であった（藤田二〇一五）。それに武家の分が加わるので「百万」といわれたのであった。彼らは、好景気の時には日雇や賃稼ぎなどで糊口をしのぐことができたが、飢饉や不景気に見舞われると、たちまちその日の食にも困るようになった。農村から流入した人々の多くは、故郷の人別から江戸の人別に正式な手続きを経て移住したものではなかったので、江戸で条件の良い職や住居にありつくのは困難だった。中心部の裏店や、場末の劣悪な住環境の長屋などに大勢が雑居することも珍しくはなく、一季居の奉公人や日雇労働者、棒手振《ぼてふり》などになるほかなかったが、彼らに江戸市内の職業を紹介するのが人宿などであった。

天明七年（一七八七）五月の天明の打壊しの原動力になったのも、そうした人々であった。打壊しに衝撃を受けた幕府は、それ以後、「末々の者」「都市細民」を対象にした七分積金の制度の創設など、社会政策に本腰を入れ始めている。

その一環として、寛政二年（一七九〇）一一月、農村から江戸に出てきた人々の帰農を奨励する法令（旧里帰農令）が出されたが、帰村に必要な経費も計上していないなど、実効性は低く、寛政三年と五年にも同様の触が出されている。天保改革の際にも天保一四年（一八四三）、「人返しの法」が発令された。当初、老中は強制的な帰農・帰村を実施すべく町奉行に検討を命じたが、当時の北町奉行遠山左衛門尉景元は、その実現性を疑問視し、江戸の人口をこれ以上増やさないような対策を講ずるべきだと反対している（藤田二〇一五）。結局、農民の新たな江戸移住の禁止、出稼や奉公などで短期間江戸に出るには領主の許可、江戸市中の人別帳の管理強化などを命じたが、これも実効性に乏しかった。

ところで、米価安の諸色高が進むなかで、幕府が懸命に取り組んだ米価の維持・上昇策も、幕府や大名財政のためでもあったが、札差に依存して「武士の義気」さえかなぐり捨てざるを得ない状況に置かれた下級幕臣を念頭に入れたものでもあった。江戸の都市問題の根底には、いつも貧窮者や「貧困」の存在があったわけである。

しかし、見方を変えれば、江戸では格差があっても、その日暮らしの人々にも仕事があって食べていくことができた。そして、大名や高級旗本、有力商人たちが贅沢品の市場を支えるのと同時に、その波及効果やシャワー効果として、零細な事業者たちにもカネが回るようになっていた。後述の雛人形の生産・販売は、その好例である。

しかも、食べ物でも着る物でも、高所得の者が利用する市場と、貧窮者や低所得の者が利用する市場が、同時に別々に成立していた。階層別の市場が並列し、高級品と普及品・日常品の取引が、江戸という共通空間の中で同時に機能していたので、人それぞれの支払能力に見合った消費活動が可能だった。これは、必要なモノを購入できる機会があったことを意味していた。その者の所得や階層などによって「必要なモノ」は千差万別になるとはいえ、生存に必要な最低限の衣食住を得る途が存在していたのであった。

そして、飢饉や天災などによって、それが難しくなる局面では、各種のセーフティネットが十分とはいえないものの機能していた。しかも、直接給付の限界も認識されており、自営業者の創出や、金融円滑化、景気刺激といった経済全体を対象とした政策ツールも発達したのであった。格差が激しかったにせよ、そうした経済や社会の仕組みは、江戸や江戸時代全体を通じた活力と発展の基礎となっていたのであった。

## †裏店住民の家計簿

打壊しの予備軍であった裏店《うらだな》に住む人々の職業は、大工左官、鳶、日銭稼ぎなどの職人や労働者、棒手振といった零細な行商人たちだった。

『文政年間漫録』によれば、文政期頃（一八一八〜三〇）の大工は、一日に手間賃の銀四匁二分と飯米料の銀一匁二分の計五匁四分を受け取っていた。当時の江戸では銀一匁が銭一〇八文に相当したので、大工の収入・銀五匁四分は約五八三文になった（銀一分は銀一匁の一〇分の一）。正月などの休日や雨天などで働けない六〇日を除くと、旧暦で一年が三五四日の時代だったので、年間の実働日数は二九四日、したがって、年収は銀一貫五八七匁六分の計算になる。この夫婦と子供一人の大工の年間支出は、米三石五斗四升で銀三五四匁、家賃一二〇匁、味噌醤油・燃料代七〇〇匁、道具・家具一二〇匁、衣料費一二〇匁、交際費一〇〇匁の合計で銀一貫五一四匁となり、七三匁六分が黒字となった。なお、安政地震後の復興期には、職人の手間が銀一三、一四匁に高騰したほか、大火や洪水の後にも上昇するなど、賃金水準は江戸の建設需要と直結していた。

子供二人の野菜売りの棒手振では、朝七〇〇文を元手に大根やハス、イモ類を仕入れて売り歩き、一日に銭一貫二〇〇文程度を売り上げたので、元金七〇〇文を差し引くと五〇〇文が利益となった。そこから一日の米代二〇〇文、味噌・醤油などが五〇文、家賃三六文、子供の菓子代一二文といった生活費、計三〇〇文を引くと二〇〇文程度が残った。元手がない者は、烏金《からすがね》で朝七〇〇文を借りて、夕方には元金に利息二一文（利率三パーセント）を添えて返済した。烏金は一昼夜を期限とする金融で、翌朝までに前日借りた元金に利息を付けて返すもので、日利二、三パーセントと高利だった（『文政年間漫録』）。

なお、三田村鳶魚によれば「江戸っ子、江戸っ子」といって威張っていたのは、この階層の人々で、この言い方が定着したのは一九世紀に入った文化期頃である。店を持ったり、地主であった階層の人々は江戸で生まれても「江戸っ子」とは言わなかった。本来の町人には「江戸っ子」はいなかったのである。

## †低い物価水準とお金が回る仕組み

この大工も棒手振も、家族を養ったり、ささやかな貯金もできた。しかし、子供が増えたり、家族に病人が出るとたちまち生活の危機に陥った。随筆『耳嚢《みみぶくろ》』には「高利をかす者残忍なる事」（巻之三）という典型的な話が載っている。なお、ここで登場する高利貸は日済《ひなし》といって、一日単位で銭を貸して日ごと高利を取り立てる小口金融である。烏金よりは利率はマシだったが月利一二・五パーセントにもなり、借りた翌日から返済するものだった。なお、日済も烏金も利息は天引きだった。

『耳嚢』は、旗本の根岸鎮衛《やすもり》が天明四年（一七八四）から文化一一年（一八一四）の約三〇年間に記した随筆である。根岸は閣僚級で激務の町奉行を一七年間も務め、下情に通じた奉行といわれて評判の高い人物だった。勘定所の下僚からたたき上げて幕府の経済官僚の本流を上り詰めた者の感覚が、さまざまな場面に表れている。

本題に戻ると、鎮衛の知り合いに、高利貸の老婆から債権回収に雇われていた無頼の少年があった。冬の最中、疱瘡《ほうそう》に罹っている子供を看病中の母親が住む裏店に借銭取りに赴いた少年は、「子供が疱瘡なので返せない」という母親の言い分を無理もないと思って老婆に報告する。ところが老婆は「病人の布団を剝がしてでも取って来い」と怒鳴りつけた。少年が仕方なく再訪すると、母親は泣く泣く自分の着ていた綿入れを売払って返済したが、単物《ひとえもの》一枚になってしまった。老婆は、回収したカネを笑いながら受け取ったので、少年は恐ろしくなり老婆の所に出入りしなくなった、という話である。鎮衛は「高利貸ほど世の中で恐ろしいものはない。釜に入れた米さえ釜ごと奪い帰ることもある」と述べている。

こうしてみると裏長屋の住民の生活はずいぶん悲惨だったようにもみえるが、青菜類が一把三文、ハマグリ一升が六文、一六文の二八そば、「三文花」や「一文菓子」が普通だったので、生活必需品は彼らの収入に対してそれほど高額とはいえなかった。最低ランクのモグリの街娼だった夜鷹の料金は二四文だった。エンゲル係数が高率でも、生活することはできた。安酒を飲んだり、チープでも夜鷹を相手にすることもできた。先ほどの棒手振でも支出可能な物価水準だったのである。

しかも、酷薄な高利貸とはいえ、庶民にお金を融資する者が大勢居たということは、それだけ世の中にお金が回ったことを意味している。一見すると残酷だが、返済リスクの高い人々からはリスクに見合った高い利子と元本を確実に回収しなければ、婆さん自身が立ち行かなかった。甘い顔をすれば踏み倒されるのは目に見えていた。そして過酷に取り立てたお金は、翌日は別の庶民に回っていった。零細な高利貸が、零細な事業者たちに日々の運転資金を絶え間なく供給することによって、庶民レベルの流動性が確保されていた。

また、我が子のために自分が着ていた綿入れを売り払うという話は、裏店の住人であっても「借りたカネは返さなくてはいけない」と認識していたことを示している。そうした庶民の経済上のモラルも江戸時代に経済が発展した背景の一つだった。

だからこそ、裏長屋の住人たちは「江戸っ子」を気取って「宵越しの銭は持たねエ」と威張っていられた。実際は宵越しの銭を持てなくても何とかカネが回ってきたからである。

## †下級武士の生活

『耳嚢』には「窮借手段之事」という話もある。ある幕臣は、武士の体面を保つのと、猟官運動に必要な交際費の捻出のために、冬には夏物の衣料や道具をすべて売り払ったカネで冬物を買い、夏はその逆という自転車操業の生活をしていた。ところが、ある年の暮れ、万策が尽きたので、大晦日に自分は仮病を装い、裏長屋住いの修験者を一晩二〇〇文で雇って、錫杖《しゃくじょう》を振らせるなどハデに祈禱をさせることを思いついた。借金取りが現れると、女房に「夫は病気で命が危ないので、平癒の祈願中です」と欺かせた。この作戦で大晦日を乗り切ると、元日には月代《さかやき》を剃って身支度を整えて年始回りに飛び回っていた、という話である。おそらく、無役で小普請組に入れられていた彼が役にありつくには、組頭《くみがしら》や有力者に節目節目の挨拶と贈り物のために交際費が欠かせなかったのだろう。根岸がこの話を記した時点では、この幕臣は「青雲を得て相勤る」ということで、努力の甲斐があって役にありついていたという。

一方、勝海舟は、貧窮した幕臣が妻に売春をさせている様子を語っている。このほかにも、貧乏御家人が養子縁組を装って金持ちの町人や百姓に御家人株を売り渡すことも江戸時代の中ごろには日常的になっていた。

御家人たちは、内職にいそしんでいた。御家人の俸禄は役があっても、とても低かったから、俸禄以上の収入になる内職が盛んになったのである。そうなると内職が〝本業〟になるのは自然の成り行きで、職人気質の侍がたくさん現れていた。

彼らの内職といえば傘張りが定番だが、そのほかにも植木作りや提灯張り、木版彫工、竹細工、小鳥や鈴虫の飼育、はては湯屋（銭湯）を営む者さえいた。このうち植木作りは御家人の内職として広く行われていた。というのは、御家人たちには大縄地《おおなわち》という広い拝領地を郊外に与えられていたので植木作りができたのである。

お花見に欠かせないソメイヨシノは、江戸近郊の染井村（現・豊島区駒込）の植木屋が交配させた園芸品種だという説があるが、染井のあたりは、江戸時代の中頃から植木や鉢植え作りが盛んだった。そして、巣鴨や百人町の御家人が育てる植木も有名だった。

江戸が繁栄したおかげで、お花見やツツジ見物などが盛んになり、朝顔や万年青《おもと》、ホオズキ、サツキなどの鉢植えといった観賞用植物の需要も高まった。鳴き声を競い合うメジロの飼育、秋には虫の声を楽しむ人々も増えた。そうしたレジャーや季節の消費活動が旺盛になった結果、低所得の御家人たちにも仕事が回ってきたのであった。それが、江戸の文化や季節の風物詩を陰で支えていたのである。

しかも、そうしたレジャーを楽しんでいたのは、金持ちだけではなかった。その日暮らしの人々も彼らの財布に見合った形で、花見や物見遊山を楽しんでいた。祭礼が賑わうだけでなく、現世利益を求める風潮もあって、江戸の神社仏閣の縁日や開帳などには貴賤老若が競いあうように集まった。それは、人々におカネを回す装置にもなっていた。

## 2　江戸のセーフティネット

## †多様な福祉政策

江戸は何度も大火や風水害、地震に見舞われたため、幕府は、飢饉や災害に備えた備荒《びこう》貯穀《ちょこく》や御救《おすくい》小屋などの直接給付の実績を蓄積していた。貧困対策には、現代の生活保護のような直接給付的な施策、お濠の浚渫などの失業対策事業とともに、米価や金・銀・銭相場を含む物価対策、困窮者に生業を与えて自営業者を創出する対策などもあった。景気刺激策として祭礼も振興されていた。また、江戸名物の火事も大いに景気を刺激していた。それらは、繁栄する江戸に集中する困窮者の救済や社会不安の除去であり、米価安の諸色高によって窮乏する武家（幕臣）の救済策でもあった。

当時、物価高が社会問題だったが、大きなトレンドとしては、銭の価値が諸物価に対して安くなっていった。小判の価値も相次ぐ改鋳によって低くなったほか、小額の金貨も発行された。物価高になることでインフレになって、手間賃が上昇したので、一朱金《いっしゅきん》などが庶民の手に入るようになった。しかし、銭の価値が安過ぎると庶民は困る。彼らは、打ち壊しの予備軍でもあったので、幕府は米価とともに、銭価対策に神経を注ぐ必要があった。

つまり、災害対策的な御救米《おすくいまい》の給付や七分積金を原資にした〝生活保護〟などの直接給付から、失業対策の公共工事、景気刺激策や自力更生の仕組みづくり、さらには金利政策まで、当時の政策は、とても広い領域にわたっていたのであった。

江戸時代の初めから火災・水害・飢饉などの際には、窮民救済のために御救小屋が設置された。寛永一九年（一六四二）の寛永の大飢饉では、二月から五月にかけて餓死者のほか、乞食になって裸で菰《こも》などを被って道路に臥《ふ》す者が江戸中に満ち溢れる状態だった。裸になっていたのは、下着に至るまで衣類をすべて売り払ってしまったためである。そこで、町奉行に彼らの本国を調査させて、判明した者については郷里の領主・代官に命じて帰国させるほか、町奉行には市中に仮屋を設置させて、粥の施行《せぎょう》などを行わせている。江戸時代の初期の段階では、職を求めて地方から江戸に出てくる人々が多かったことや、彼らの生活が飢饉などの影響をまともに受けやすかったこともわかる。

また、明暦大火（一六五七年一月一八、一九日）の直後にも、御救小屋の設置や食料提供などが、町奉行所などによって組織的に行われ、鎮火直後の二〇日から罹災者救済のために粥の施行が行われている。天明六年（一七八六）七月の江戸水害では、両国橋のたもとなどに施行小屋を設置し、罹災者に食事を与え、病人の手当ても行っている。さらに享和元年（一八〇一）には、関東郡代中川忠英が、馬喰町《ばくろちょう》馬場と柳原土手外石置場を御救小屋の建設用地と定めることを申請した。水害の際の救援場所を予め指定したところに特徴があった。また、文政一二年（一八二九）三月の文政大火の際には、仮屋を一一か所に設置して数千人の罹災者を収容し、握飯や梅干しなどを給付している。炊き出しに必要な米は、後述の七分積金を原資とする町会所から出されている。大火の後には、御救小屋が設けられるのが定着していたのである。

### †危機管理としての公共工事

窮民救済のための土木事業である御救普請《おすくいふしん》も展開された。これは、現代の失業対策事業ないしは公共投資、さらには打壊しに対する危機管理の意味合いも持っていた。

享保一七年(一七三二)に発生した蝗害《こうがい》によって江戸の米価が暴騰し、翌年正月二五日に窮民が江戸の米商・高間伝兵衛の店などを打ち壊した。伝兵衛が米を買い占めているとの風評に怒った二〇〇〇人近くが伝兵衛方に押込んで、屋敷や土蔵を破壊し、帳面などを破り捨て、米などを付近の水路に投げ捨てたのであった。首謀者は後日捕えられたが、重遠島一名に重追放三名というように、それほど重く処罰されたわけではなかった。強盗や窃盗であれば重罪だが、打壊しは〝モノ盗り〟の扱いではなかったのである。町奉行所は、窮民たちの不満のガス抜きと捉えていた可能性もある。

ただし正月一七日の段階で、「多数の餓死者が出そうだ」という理由で、江戸の町名主たちから御救米を求める請願が町奉行所に出されていた。二三日には北町奉行・稲生下野守の立会のもと、御救米を名主たちに与えることが南町奉行・大岡越前守から申し渡され、二七日から四日市広小路土手の米蔵で現物を渡す手はずとなっていた。

高間伝兵衛方の打壊しは、江戸における最初の打壊しといわれるが、その当日、幕府は江戸城の堀の浚渫事業を六大名に御手伝普請として命じている。御救米の給付と浚渫工事は、飢民救済と打壊しの拡大防止のためにセットで実施されたといえるだろう。

実際に浚渫工事が動き出したのは二月だったが、この時は、一五歳以上の者を雇って日々の糧を得させるために賃銭を与えるだけではなく、人々に確実にカネが回るような工夫もこらされていた。二月朔日には、年番名主から北町奉行所に「御手伝普請を命じられた大名家が、入札での業者選定や出入りの業者だけで工事を施工するならば人々の助けにはならないから、各町から老若男女に限らず仕事のできる者を直接差し出すこととし、賃銭も現地で支払ってほしい」という要望が提出されている。それを受けて、浚渫で出た土砂を捨てに行く業務に、各町からの人員を就かせる形で、人々に広く薄くではあるが銭が回り、かつ、請負業者によって中間マージンが抜かれない仕組みがつくられている。

こうした措置は、米価高騰に悩むその日暮らしの人々には好評であった。幕府の公式記録である『有徳院殿御実紀』には自画自賛を含めてであろうが、「……下賤の者、日々其雇銭を得て、よろこぶ事かぎりなし。これよりさき衆人私議しけるは、当代の御政あまねく及ばずといふ所なし」という記述もみられる。

このように人々は喜んだが、三月末日になると南北年番名主から通達が出された。「昨日までは、幼児や乳飲み子を抱えた母親、手足が不自由な老人や病人までも残土運びをしていたが、今後は一切そのような者たちを差し出してはならず、土運びができる者のみを差し出すように」というものである。ただし、この通達が出されたのは、人々が最も苦しく季節も寒かった打壊し直後の約二か月を過ぎた段階であった。打壊しの危険が続いているうちは〝見て見ぬふり〟をしておいて、人々に銭が十分に行き渡った頃を見計らって、この通達を出している点に、江戸の名主たちの民情を汲み取る意識ないしは世故にたけた老獪さが滲み出ている。

また、『有徳院殿御実紀』では「しかるに城溝の久しく湮塞《いんそく》せしを浚ひ被はぬは、いかなるゆへにやといぶかりしに、今年少民艱困の時に至り、かく仰出され、財貨多く下に散ぜしかば、さてはその時を待せ給ひし神算よとて、たれもたれも感歎し奉りけるとなり」（傍点：筆者）と、現在の不況時における公共投資と同じ発想が明確に述べられている。

### †セーフティネットとしての七分積金

松平定信が中心になった寛政改革の一環として寛政三年（一七九一）一二月に創設され

た七分積金の制度は、現代の生活保護に相当するような対策も含んでおり、零細な暮らしを営む江戸の住民を支えていた。この制度は、天明飢饉をきっかけに発生した天明七年（一七八七）五月の江戸市中の打壊しに危機感を募らせた幕府が、打壊し予防のための対策として制定した色彩が濃かったが、慢性的な財政難の解決策の一つとして計画された側面もあった。

七分積金は、江戸の庶民向けの備荒貯穀＝囲籾《かこいもみ》や、土地を担保にした低利融資の原資であり、今でいう低所得者向けの生活保護の財源でもあった。この資金や囲籾を運用していたのが町会所《まちかいしょ》で、勘定奉行と町奉行の管轄だったが、実務は御用達商人や町役人が運営していた。籾蔵とともに寛政四年（一七九二）に向柳原に設置された。七分積金や町会所についいて詳しく述べると一冊の本ではおさまらないので、ここでは要点だけを述べる。

『都史紀要　七　七分積金』によれば「寛政三年（一七九一）、松平定信は江戸の地主階級が負担する町費（町入用）節減のため、天明五年から寛政元年までの五か年間（一七八五～八九）平均の町入用を算出させ、その額よりできるだけ節約した町入用節減高を書き出させて節減を実行させ、その節減高の一〇分の七を備荒貯蓄のための積金並びに米穀購入費に当て、町会所と籾蔵を向柳原（現・台東区）に設立して社会救済事業の機関とした」とある。この備荒貯蓄とは、飢饉や火災などの非常時の施米や施金のほか平時の貧民救済や低利融資のために米穀や現金を町会所に準備することであった。

町会所では備荒事業のほかに、地主たちから「積金」させた資金の一部と寛政四年の幕府下賜金一万両、これとは別に寛政一一年（一七九九）に幕府が出資した一万両（これを別段貸付金といった）とを地主たちに融資する事業もはじめた。これは貸付金の利子で町会所の事務諸経費をまかない、積金の取り崩しを防ぐためだったが、災害などで地主が金に困るような場合に地主に資金を供給する機能も持っていた。

これは、江戸の細民に生活資金を貸し出す直接的な備荒対策とは別のもので、商業資本にまとまった融資をして、その利息収入で七分積金の増資、町会所の人件費や諸費用を捻出する仕組みで、それ以外の用途は制限されていた。このような取り扱いは現在の地方自治体などの基金に相当するものと考えて差し支えない。この基金は、明治維新後も新政府を経て東京府に引き継がれ、寛政期以降に積み立てられた資金が草創期の東京で、道路や水道などの都市施設の整備のため取り崩された。

この七分積金については「江戸の中心部である日本橋辺の町などが中心となって積金を集め、積金の出せない町々、すなわち下層民の日雇稼ぎ、棒手振り層が多い場末の町へ大規模な施米金の支給をしようとした」と指摘されている（松本一九八三）。これは実質的な〝所得の再分配〟の効果を有していたといえよう。

なお、火付盗賊改の長谷川平蔵が設立した石川島の人足寄場も打壊し対策の一つであった。農村から江戸に流れ込んで最下層の住民となった者は、ほとんどが人別帳に登録されない無宿人であった。人足寄場には、そうした無宿人を収容して、生業に従事させて「手に職」をつけさせるとともに、暴動発生の芽を未然に摘み取る目的もあった。

## †「生活保護」の実際

七分積金が創設されたときに、勘定奉行の立会いのもとに南町奉行が江戸各町の名主や地主、家主それぞれの代表者たちを集めて申し渡した記録には、地主階層から細民までのセーフティネットを作ることが制度の目的の一つだと述べられている。

まず地主向けには、彼らが立ち行かなくなるような災害などの際には、迅速に資金の貸付や交付を行うと書かれている。次に、店借層《たながり》では、身寄りのない高齢者や子供が食うに困るような時には、調査の上、手当てを支給するとしている。

寛政四年(一七九二)五月二一日になると、七分積金を原資にした窮民救済の手続きが町奉行から名主や家主に通達された。それによれば、①高齢(概ね七〇歳以上)で身体が不自由で身寄りがない、②幼年(概ね一〇歳以下)で身寄りがない、③若くても貧困で長《なが》病《わずらい》にかかっていて面倒を見る者がいない、といった者が救済の対象となっていた。

この条件に該当する者が町内に居れば、名主・家主が実態を把握した上で、名主の証明書を家主が町会所に持参して「手当」を請求し受け取ることとされた。それは即断即決に近い手続で必要書類の書式も準備されていた。二一日に制度ができて、二七日から申込みと「手当」の支給も始まった。それだけ幕府は窮民救済を急いでいたのである。この実務を処理していた家主は、現在のソーシャルワーカーの役割も果たしていたことになる。そこで、家主から名主を経て町会所に提出された「生活保護申請」の手続の中から代表的な例を紹介する。これは寛政四年五月の「町会所積金窮民救済方申渡」(『東京市史稿』産業篇第三十八所収)の二七日の分(申込み初日に八件の申請があった)に含まれている。

それらの共通点は、対象者を管轄する名主名と町名、家主、支給金額、受給者の名前・年齢とともに、支給理由が簡潔明瞭に記されている点である。たとえば、寮善《りょうぜん》という六六歳の僧侶には「独身で五年以前から内臓障害を患って身体が不自由になったが、世話をする者が居ない」という理由で、銭一貫五〇〇文の支給を申請したことが記録されている。申請書には、該当する小石川金杉水道町を支配していた名主の市郎右衛門、寮善の住んでいた裏店を管理していた家主の与八の名がそれぞれ記されている。

同じ町内には家主・七右衛門が管理する裏店に、はつ(六五歳)と娘まつ(三〇歳)が住んでおり、この二人にも手続きがされている。三〇歳の働き盛りが「生活保護」の対象になった事情は、「まつは〝生得愚者《せいとくのぐしや》〟で結婚後、実家に戻されてしまったので、母親のはつが縫物などの賃仕事で養っていたが、はつが自宅の入口から転げ落ちて怪我をして、縫物ができなくなって生計が立たなくなり、困窮するようになった。二人を養育する者も居ない」ということで、支給申請額は二人分で銭二貫文になっている。このように「生活保護」の対象は、現在の高齢者福祉や障害者福祉に該当する者たちだった。

その一方で、「町会所積金窮民救済方申渡」では「普段から怠けていて食い詰めた者が病気を装うことはあってはならないから、もし、そのような者があれば町役人たちが協力して〝教育的指導〟を行え！」ということも忘れてはいない。また、「本当の病気か仮病かは紛らわしいので、町役人たちは十分に調べなければならない」ともいっている。

こうした目配りは、「生活保護費」を真に必要とする者に、必要な分だけ確実に支給するための仕組みであった。「大家＝家主といえば親も同然」なので、家主やそれを監督する名主に「生活保護」を行うかどうかの実質的な決定権を与えたのであった。

なお、七分積金の支給方法について、町奉行と勘定奉行から老中首座の松平定信に立てた「お伺い」の中にも、「稼方おろそかにて及困窮候ものなとえ、手当なと遣候ハ反て弛ミニも可相成哉」とある。怠けたが故に困窮した者に手当を与えるのは、かえって本人をたるませてしまうのではないかと、直接給付政策の弱点を吐露している。それだからこそ、町役人による調査が、七分積金制度の根幹を支えていたのであった。

## †天保飢饉では

天保七年から八年（一八三六〜三七）の天保飢饉に際しては、七年一〇月に江戸に御救小屋が設置され、翌年三月には品川などにも御救小屋を設けるとともに、江戸の窮民に二万俵の御救米を支出した。五月になると当時の南町奉行・筒井伊賀守政憲《まさのり》（のち紀伊守）の発案で窮民に銭も与えている。それは、御救小屋の開設直後から一日一〇〇〇人以上が殺到する状況に直面したことによる。そこで、収容者数の抑制や、御救小屋の撤収後における彼らの自立を促すために、振売《ふりう》りなどの商売の元手銭を与えて、御救小屋から稼ぎに出かけさせることを考案したのであった。なお、この銭も含めた町会所御救入用《にゆうよう》には、打壊しのリスクにさらされていた札差や木綿問屋などの富商から一〇万両の寄付があった。町会所ないしは町奉行所から資金拠出を強力に求められたのかもしれない。当時は、大塩平八郎の乱や、大坂・兵庫などの打壊しの情報が江戸の困窮者たちに知れ渡っており、不穏な空気が充満していたのである。富商たちの恐怖心も高まっていただろう。

ところが元手銭を与えても、職人や芸人、古道具屋など不要不急の商売に従事していた者には役立たなかった。そこで伊賀守は、享保一七年（一七三二）の前例にならって江戸城の濠の浚渫を建議した。「職人などは健強なので、万一困苦に耐えかねて〝何様之不了簡〞を起こす恐れもあり、上手・下手の別なく浚渫土の運搬をやらせて銭を支給すれば、当面の困苦からは解放される」からである。爆発しかねない貧窮した身体壮健な職人たちを浚渫事業に振り向けて、彼らの生活維持と打壊し予防の一石二鳥を狙ったのである。

このように直接給付から一歩進化した形で、三月晦日から六月一二日までの六一日間にわたって浜御殿の堀の浚渫事業が実施された。事業費は三〇七六両で、このうち浚渫土の運搬費は銭六六六四貫六一二文(金換算で一一三九両一分/一両:五貫八四八文)であった。この額の銭が雇用創出ないしは銭を困窮者に行き渡らせるために充てられたわけで、計三万七〇一八人に一日平均銭一七六文が支給された。

この金一一三九両余は、江戸の銭相場を銭高に誘導したことによって両替屋たちに転がり込んだ為替差益分の八歩を奉行所に供出させたものであった。

この銭高誘導は、米価に対して銭の価格を相対的に高くして、高騰する米価を引き下げて社会不安を落ち着かせるためであった。飢饉や打壊しへの対応をはじめとするセーフティネットの維持には、物価対策や今日の金融政策に相当する政策ツールの総動員が必要であり、また、それらを駆使していたのが当時の幕府の姿であった。

「銭高になって儲けたのは誰のお陰だ?」「打壊しに遭わないためにもカネを出した方が

身のためだゾ！」と両替屋たちに町奉行所が囁く声がいかにも聞こえそうである。そうなれば、工事費は別としても幕府の懐は痛まないことになったわけである。

この措置には、一一三九両を先述の元手銭のように人々にバラ撒いたのでは、市中に銭が供給されて、せっかく銭高に誘導したものが水泡に帰してしまうという判断も働いていた。また、先ほど触れた一〇万両と同様、こうした資金供出は、江戸の富商たちの社会的責任を果たすものでもあり、打壊しのターゲットから免れるための保険でもあった。

こうした一連の対応が奏功した結果、天保飢饉が天明飢饉と同様に大規模かつ深刻であるにもかかわらず、江戸では大規模な打壊しには発展しなかった。町会所と七分積金の制度を活用して、非常時における窮民救済を組織的かつ迅速に行うノウハウが蓄積されていたことがものをいったのである。町名主の報告が直ちに町奉行所の担当与力に上げられて対応策が検討され、町奉行から提出された案を老中が決済するという意思決定の流れは、危機に際してもシステマチックに機能していた。とりわけ、当局の金融政策によって金融機関＝両替屋が手にした反射的利益を、仕事の創出による窮民対策に振り向けるのは、所得の再分配と同様の効果を持つもので、社会の安定化に直結している。

## 3　経済全体の底上げ

### †貧窮者を自活させるには

以上をみてみると、幕府は長い歳月をかけて、危機管理的な直接給付は別にして、貧窮者に生業を与える方向を重視していたことがわかる。それは、「食わせてもらう立場」から、「自分で稼げる立場」への転換を図り、社会全体の景況を改善させることであった。

彼らが自分で商売を行えるようになれば、未熟練かつ、元手が僅かであっても自営業者として着実に収入が入り、飢饉や災害などの非常時でも生計が維持できることが期待できた。同時に、直接給付に必要となる財源負担も軽減することができた。それは、自らの労働によって努力が報われる仕組みであり、自己肯定感を高めるとともに、生業へのインセンティブをも高めるものであった。ここが、現代のようなアルバイトになるか派遣社員になるほかない場合との違いかもしれない。零細であっても自営業者を創出することと、単なる派遣労働先という働き口の拡大では意味が違うだろう。

最も簡単に商売を始める方法は、振売りすなわち行商人になって、仕入れた商品を売り歩いたり、露店を構えて販売することであった。ただし、初期の幕府は、慶長一八年（一六一三）に武家奉公人や農民が振売りなどになることを禁ずるとともに、従来から振売りをしていた者にも、町奉行所から交付される札（許可証）を求めるなど、規制を強化する傾向にあった。それが、万治二年（一六五九）正月になると、江戸市中の五〇歳以上の高齢者や一五歳以下の幼年者や障害者に、振売りの商札を交付する一方で、町人階級である家持が振売りを行うことや、新規の振売り商売を禁止している。

収入のある家持などを除き、高齢者や未成年者、障害者で生計の途を持たない者たちが自力で生活の糧を手にできる仕組みを作り、保護を与えたのであった。

とりわけ、食べ物を販売する振売りは、開業には資本は不要か、もしくは僅かであり、薄利でも多売が成り立つ業態である。つまり、棒手振、担商《にないあきな》いならば、零細でも食べていけた。江戸時代の後半以降、すし、そば、天ぷらなど江戸文化の一端をつくった当時のファストフードは、その代表的なものであった。

### †自営できる者は自営せよ

その後、寛政の改革もあって、幕府は江戸市中で増加した店舗型の食物商人＝飲食業の削減に乗り出し、寛政一一年（一七九九）、市内の飲食業者の実態把握のため、町年寄・

樽与左衛門の命により、秘密調査が行われた。業種は、料理大茶屋、同小茶屋、煮売屋、居酒屋、茶漬屋、田楽屋、煮豆屋、酢屋《すし》、蒲焼屋、汁粉団子屋、上菓子屋、餅菓子屋、あめ屋、玉子焼屋、水菓子屋、蕎麦切屋、手打蕎麦屋、うどん屋など一九業種であった。

この調査を基に、文化元年（一八〇四）一二月二一日、樽与左衛門から肝煎名主らに、業者名簿と商売の相続・譲渡の手続きを申し渡した。それによれば、新規開業はダメ、親子兄弟・養子以外の相続は許されない扱いとなった。これは無秩序に増加する飲食業の規制であったが、対象地域は歓楽街（歌舞伎の江戸三座のある堺町・葺屋町・木挽町と新吉原）を除く江戸市中で、店舗営業の飲食業者が対象となっていた。ただし、その日稼ぎの振売りは調査に際限がないという理由、夜商いの屋台は寛政七年（一七九五）に調査済みだったので対象外とされた。

それによって食物商人を六〇〇〇軒に減少させる計画が立てられたが、削減計画はその後、延長に延長が重ねられ、結局、天保六年（一八三五）の調査で五七五七軒まで減少したことを以て、「以後この軒数よりも増加させないように」と天保七年（一八三六）に町年寄から年番名主へ申渡しがあるまで、約三二年間も続いた。

延長が重ねられた事情には、文化三年（一八〇六）に発生した「丙寅の大火《ひのえとら》」の救済や、〝零細でも自営できる層には、なるべく事業を継続させる方が得策だ〟という町年寄や名主、さらには町奉行所の判断があった。文政四年（一八二一）に五か年の延長をした時には、名主たちが「削減目標の未達成分の九六二軒の食物商人たちの商売を止めさせてしまうと、商売替えに必要な元手金に差し支えて、〝小前之者〟が妻子を養育できなくもなるから、なんとかしてほしい」と嘆願している。それに対して町奉行所は〝格別の御憐愍《ごれんびん》〟で更なる延期を認めている。ここで「御憐愍」の対象となったのは「小前之者」で、店舗を構えているだけあって、「其日稼之者」よりは恵まれた境遇にある者たちであった。

つまり、零細でも自営できる人々には、生業が成り立つように諸条件を整えるという発想が見られ、困窮のレベルに応じた対応がなされていたのであった。零細事業者＝小前之者の生計の途を狭めると、直接給付の増加に直結するが、逆に彼らに商売を続けさせれば収入が維持されて、社会の安心・安定につながると認識されていたとみられる。

ところが、天保改革の時代になると食物商人への規制も別な展開となった。天保九年（一八三八）には、食物商人の増加を抑制するため、「親子・兄弟、養子以外でも差し障りのない者には食物商人の相続を許可する」という天保七年の触れを改め、親子・兄弟・養子以外の者への譲渡が禁じられた。それに併せて、贅沢を禁止する見地から、「道路へ家台見世（屋台店）を出して食物を販売する者が急増しているが、そうした営業は、その日稼ぎの者たちの生計維持のためのものである。したがって、高価な品を扱ったり、高級な容器を用いるような贅沢は、制度の趣旨に反するから止めさせろ」といっている。

### †バラマキ福祉の限界

天保一二年(一八四一)に老中・水野忠邦《ただくに》が始めた天保改革では、過去二回の改革と同様、年貢増徴や農村振興のほか、流通対策や質素・倹約の徹底などが強引に進められた。この年の暮れになると、物価騰貴は問屋株仲間の流通独占のためだとして、商工業者でつくるすべての株仲間や諸組合を解散させた。参入自由化による物価引下げのためである。素人の自由な新規営業を認めるとともに、「問屋」の名称も禁止した。

ところが、江戸・大坂をはじめとする全国の金融活動がほとんど麻痺状態に陥った。株を担保にした金融がすべて停止し、問屋を通じた零細業者への運転資金の供給が止まったからである。しかも、資本力や信用が必要な両替などへの新規参入は難しい一方で、参入が容易な業種では過当競争や取引秩序の破壊で、かえって流通は混乱してしまった。

忠邦失脚の二年後、弘化二年(一八四五)に元北町奉行で南町奉行に復帰した遠山景元《かげもと》が諸問屋の復活を建議したが、時期尚早とされた。しかし翌弘化三年、関東一帯の洪水(江戸三大水害の一つ)に江戸の大火が重なって、諸物価の高騰や江戸の貧民層の生活難が確実視されるようになり、幕府は打壊や一揆予防のための社会政策の必要に迫られた。

このとき元南町奉行で寄合詰《よりあい》の筒井紀伊守政憲が老中阿部正弘《まさひろ》に遠山と同様の提案をしたのがきっかけで、嘉永四年（一八五一）問屋株仲間が復活された。これが諸問屋再興《しょとんやさいこう》と呼ばれる政策である。筒井紀伊守は天保飢饉の際に、江戸の窮民対策の陣頭指揮をとって、貧窮者への元手銭の交付を提案したり、浜御殿の濠の浚渫事業を主導した人物であったが、この時には伊賀守から紀伊守に替わっていた。

紀伊守の諸問屋再興に向けた提案では、「御救米や銭を給付しても受給者たちが商売を始めるわけではなく、その場限りの対策に終わる」「諸問屋を復活させれば、零細業者は復活した問屋から商品を借りて販売し、その売上で返済しながら儲け分を生活資金に充てられる」「株式を復活させて金融の円滑化を図れ」などと述べている。天保飢饉の時に元手銭を交付した経験から、その効果を限定的なものと認識していたのであろう。遠山の意見書にも「問屋株仲間を復活させれば民間活力が増大し、零細業者の営業も改善されるので民心も治まる」とある。両者の認識では、資金を持たない零細事業者や低所得層が商売を行う条件を整えて、自助努力で生活を成り立たせるのが得策だという点が共通する。そして、株式を復活させて流通・金融を再生すれば経済全体が上向くとも言っている。

そこには、「江戸を不景気な状態にするならば、下層町人の蜂起・騒動を覚悟しなければならず、それを回避するためには、かれらの生活と営業の成り立ちを維持する措置、具体的には〝繁華〟で〝賑わう〟江戸を維持し続けることである」（藤田二〇一五）という遠山や筒井といった天保期の町奉行の認識があった。

つまり、バラマキよりも、人々の自立支援や社会全体の経済活力を高める方が効果的でコスト面でも有利だということが、当時の政策立案者に蓄積された感覚であったわけである。社会全体の成長戦略や金融円滑化が貧困対策に貢献するというものである。

## †放火都市だった江戸

ところで、「火事と喧嘩は江戸の華」といわれるぐらい江戸では火災が多く、現在の千代田区、中央区の範囲は、江戸時代を通じて平均三年に一回くらいの割合で焼失している。それゆえ長屋は〝焼屋〟と呼ばれ、焼失するのが前提の粗末な造作だったので、三年以上焼けなければ所有者の丸儲けとなった。このような火災の原因の大部分は、実は放火だった。ただし、明暦大火のような反幕テロや愉快犯による放火は、むしろ少数派だった。

実は、不景気で世の中に閉塞感が漂いはじめると、どこからともなく火が出ることが多かった。当時は、前述のように失業対策のための公共事業はあったが、現在のように公共投資で景気全体をテコ入れする発想まではなかった。しかし、確実に景気を刺激したのが火災であった。そのため、日本橋あたりの大店の旦那方は「火事になったら綺麗に燃やせ！」と喧しく言っている。中途半端な焼け方では町が潤わないからで、出入りの職人の末端までカネを行き渡らせるには「綺麗に燃える」ことが必要だったのである。それゆえ江戸の人々は火事を喜んだ。とりわけ「宵越しの銭」を持てないような人々は火事で潤ったので、火事は「世直し」と呼ばれた。これは江戸に限らない。大塩平八郎の乱では、大坂の庶民は大塩を「世直し大明神」といって称えたが、それは、天保改革の超デフレで不景気な大坂の市街が「乱」で焼失したため、にわかに好景気が到来したからである。

ただし、放火を裏付ける証拠は少なく、火災の記録から出火地点、飛び火、類焼の方向、その日の風向きなどを調べると、放火の疑いの強い火事が非常に多いのが実態であった。ほとんど鎮火したと思っていた時刻に、無関係な場所に飛び火するような例もみられる。日本の都市はどれも木造建築物の集まりだが、江戸ほど火災が頻発した都市はなかった。幕府の直轄都市だった大坂や京都と比べても江戸の火事の多さは際立っている。

### †継火と呼火

江戸の消防組織には幕府直営の定火消《じょうびけし》、大名に組織させた大名火消《だいみょうびけし》、公営消防の町火消《まちびけし》があって、互いに競合・競争しながら破壊消防を行ったが、組織が違っていても消防要員の実態はあまり変わらなかった。最初の火消は戦国時代の火付け＝放火のプロを組織したとされ、江戸の消防組織は自在に火事を操るノウハウを持っていた。

そうした実態は、江戸時代を通じてほとんど共通しており、たとえば開国のわずか七年前の嘉永五年（一八五二）、町奉行所の御白洲《おしらす》に呼び出した町火消の幹部たちに北町奉行（井戸対馬守覚弘）が、消防夫の管理と不良消防夫の取り締まりの徹底を命じている。町奉行所の記録である『撰要永久録』によれは、「最近、強風でもないのに大火になる原因は、その町内の者がせっかく消火した場所に他所《よそ》の消防夫が入り込んで、呼火《よびひ》（他から火種を持ってくること）や継火《つぐひ》（消えた場所の火を再び起こす行為）をして新しく火流を発生させるためだという風聞があるが、もっての外だ！」とある。

町奉行じきじきに、消防隊長たちに「放火を禁じる」ような命令を出しているのは、今の感覚では異常である。しかし、当時はこのような手口で〝人工火災〟を発生させた後に、〝手柄〟を立てることが頻発していたのであった。この命令は、幕末の動乱期だったから出されたわけではない。文政二年（一八一九）には、すでに同様の御触が老中から町奉行あてに出されている。内容はだいたい嘉永の時と同じで、幕府の最高権力者たちが「呼火」「継火」がありがちなことを公式に認めている点に特色がある（鈴木二〇一三b）。

つまり、定火消、町火消を問わず、当時の破壊消防技術は高度に発達していて、火事の延焼速度、延焼方向、その範囲などは相当自在にコントロールできたのである。その技術の上に「呼火」や「継火」といった火勢制御が可能で、実際にも行われていた。

## †震災復興と経済

安政二年(一八五五)の安政江戸地震の後には、鯰絵《なまずえ》が大流行した。地下の大鯰が地震を引き起こすと信じられていたからである。被災直後は、地震封じの鹿島神宮の要石《かなめいし》が地震を起こした「悪い鯰」を懲らしめている図柄などが多数発行されたが、復興が本格化すると、復興需要によって景気も良くなった。そうなると、鯰を大工・左官などの職人が芸者を揚げて接待する図や、切腹した鯰の腹から小判がザクザクといった絵柄に移っていった(本章扉写真)。さらに、大塩平八郎の乱と違って地震は自然現象だったので、「世直し」ではなく「世直り」と自動詞を用いた瓦版の表現も現れている(鈴木二〇一三b)。

安政江戸地震のほかにも、海溝型では元禄一六年(一七〇三)一一月二三日未明に発生したM8クラスの元禄地震では、江戸城の櫓、城壁、石垣の多くが倒壊した。平川門は門と塀が残らず倒壊、雉子橋門《きじばしもん》や和田倉門では付属する番所が潰れて死傷者が出たほか、西丸の諸施設も大破した。江戸市中の被害も甚大で、新井白石の『折たく柴の記』によれば、本所、神田などの沖積地を中心に家屋の倒壊が激しく、液状化現象による吹砂や泥水の湧出もあった。さらに、箱根山の土砂崩れで街道が寸断され、川崎・神奈川・保土ヶ谷・戸塚でも多数の家屋が倒壊している。伊豆半島や房総半島では大津波も発生した。

ところが復旧・復興は、今の感覚でも、とても手際よく始まった。慶安地震（一六四九）や明暦大火（一六五七）のほか、江戸名物の度重なる火災もあって、当局に危機管理のノウハウが蓄積されていたのであった。一一月二五日には、修理や震災に乗じた放火の取締を命じ、罹災の幕臣には休暇を与えるとともに、破損した江戸城の警備、石垣修理のための人員供出を七大名に命じた。二九日になると各所の修理責任者を任命し、市内の倒壊した土蔵の被害の調査も始め、一二月二日には「倒壊・焼失した屋敷の修理を急ぐな！」と命じている。復興需要が集中すれば資材や工賃の急騰が見込まれたからで、諸商売物の価格、職人や日雇の人件費、牛車や大八車の運賃など、物価賃銀の騰貴禁制の御触《ふれ》を出している。四日になると、職人不足のため「町方の復興も急ぐな！」とも命じており、一六日には市内の大八車や借駕籠への課税を免除して、復興の便宜を図っている。

このように、直接的な復旧に始まり、江戸全体の復興に必要な措置として、経済の動きを見ながら矢継ぎ早にとられている。しかし、市場のコントロールは難しく、翌年二月には「時節柄、若干の値段の上下は止むを得ない」と現状を追認した上で、「急用の品」を狙った値上げを特に取り締まった。地震や大火では、復旧・復興需要のために物価や賃金が上昇し、その抑制に幕府が苦労するのが、パターンとして定着していた。

ところで、地震から三年後の宝永四年（一七〇七）、浮説の流布、落書や捨文《すてぶみ》が禁じられた。落書、捨文とは政権や有力者・有名人を批判・中傷する怪文書のことである。ところがこの御触には、私娼の禁止のほか、牛馬に重い荷物を載せること、鳥獣を商うことの禁止といった生類憐みの令と結びついたような規定も並んでいた。

私娼が江戸中を徘徊して江戸城近くまで出没するというのは、それだけ〝需要〟があったことと、人々のカネ回りが良くなってきたことを物語っている。また、復興需要で建築資材などの輸送が増えれば、牛馬一頭あたりの負担は重くなる。さらに復興が一段落すれば、経済的にも精神的にも人々にペットを飼える余裕が出てくる。浮説は蔓延していたが、江戸は着実に復興を遂げていたのであった。

### †贅沢禁止令は守られない

享保、寛政、天保の三大改革の時をはじめ、江戸時代を通じて奢侈禁止令がたびたび発せられた。幕府財政の緊縮には大奥の女性たちの倹約が不可欠だったからである。町人たちの贅沢を放置しておくと、現在のファッションの流行のように旗本や大名を経て、大奥に短時間で波及したからであった。しかし、大奥は奢侈禁止令には強く反発するのが常であった。老中水野忠邦が大奥最高位の女官である上臈《じょうろう》・御年寄の姉小路局《あねがこうじのつぼね》に、大奥の経費節減を求めたことがあったが、「大奥の者は人間本来の欲求を捨てているのだからイヤッ」と言下に断られている。

奢侈禁止令の対象品目の常連は雛人形だった。八寸以上の雛人形、紋所を除く蒔絵や金銀箔を施した雛道具を禁じている。すでに慶安二年（一六四九）には雛遊器具華美禁止令が発せられており、元禄一七年（一七〇四）、享保六年（一七二一）、同二〇年（一七三五）、天明九年（一七八九）などの禁止令が続き、華美な雛人形が何回も槍玉に上げられている。

雛人形に限らず、武家社会だけあって、端午の節句には冑《かぶと》人形や鯉幟《こいのぼり》が雛人形と同じように販売された。贅沢な冑人形などを規制する禁令も雛人形と同じように数多く出されている。たとえば慶安元（一六四八）年五月、延宝九（一六八一）年四月、天保一三（一八四二）年四月といった具合に、シーズンに入る頃に出されているのであった。

華美な雛人形や五月人形の取締令が頻出されているということは、それだけ江戸時代を通じて幕府の奢侈禁止令は守られなかったことを、なにより物語っている。

当時は十軒店《じっけんだな》（現・日本橋室町三丁目付近）の雛市《ひないち》が有名で、内裏雛や禿《かむろ》人形を求める人々で賑わった。端午の節句の時には四月二五日から五月四日までの間、同じ十軒店に冑《かぶと》市が立ち、道路に小屋を構えて商売をした。夜も店を開けていたため、金銀細工や漆塗りの甲冑や武具などが、燈火にキラキラ輝いて、華やいだ雰囲気を出しており、客も昼夜絶えなかった。現在は、冑・鎧冑・金太郎や桃太郎、鍾馗《しょうき》の人形、鯉幟が中心だが、当時は、武家社会だけあって、さまざまな幟や旗指物《はたさしもの》、馬印も売られていた。菖蒲刀・槍・長刀・弓《きゅう》箭《せん》・鉄炮・青竜刀といった和漢の兵器も並んでいた。

雛人形や冑人形などを作って売るまでには手間や技術、コストがかかる。雪洞《ぼんぼり》や簞笥・長持、屛風などの雛道具も含めれば、関連の職人や商人は多数にのぼる。宝暦九年（一七五九）一一月、翌年から豪華な雛人形の販売を禁じる旨の町奉行所の触書が出された際に、「京都の問屋や仕入先、関連の諸職人等に注文済の品々については販売を許していただきたい」と、雛人形の販売者でつくる仲間三二名が嘆願書を提出した。一一月ともなれば翌年三月に向けて、金糸入りの織物や金銀箔で装飾された雛人形、蒔絵を施した雛道具が出来上がりつつあったからである。結局、嘆願は容れられなかったが、このことは、雛人形一つをとっても、多くの商人や職人がこれに依存していたことを物語っている。贅沢品は材料が高価なだけではなくて、工程が多く、作る手間がかかる。つまり、それだけ裾野の広い産業であるとともに、モノ作りが生み出す付加価値が高く評価されていたわけである。

生活必需品ではない雛人形は、一見するとムダで贅沢である。それが毎年確実に、時には飛ぶように売れて関係者を大いに潤した。春を心待ちにし、娘の幸せを願う人々の気持ちと、昔からの上巳《じょうし》の祓《はらい》の風習と、お雛様がセットになって江戸の雛祭りのスタイルが定着していた。物心両面で人々を豊かにしていたから、禁令は守られなかったのである。

## †祭礼の経済効果

奢侈禁止令の対象は、雛人形や冑人形だけではなかった。徳川吉宗の命による享保六年（一七二一）の奢侈禁止令では、祭礼に付き物の豪華な練物《ねりもの》（仮装行列）を禁止した。屋台は一切禁止、練物は人数制限され、衣装の特注もダメとなった。

それは天下祭にも影響した。江戸時代、日枝神社の山王祭と神田明神の神田祭の行列は江戸城内に巡行し、将軍の上覧に供されたので天下祭と呼ばれていた。天下祭では附祭《つけまつり》が呼び物で、流行の歌舞伎や浄瑠璃、伝説などを題材に、練物、曳き物、踊屋台などが競い合った。そこには大奥の意向が強く反映され、そのときどきの最新モードやファッションを創り出し、江戸はもちろん全国に波及していたのである。

しかしその後、幕府が祭礼を景気刺激策と考えるようになると、触書にもそれが反映された。祭礼の景気が良ければ人々にお金が回るが、規制しすぎると、町は火が消えたようになるからであった。祭礼でのお金の回り方は、雛人形や冑人形よりも大規模かつ普遍的である。裏長屋の住民も、確実に〝御利益〟にあずかれる。

宝暦九年（一七五九）には、豪華な祭礼を規制する建前には立ちながらも「町中が繁栄して人口も増えるので処罰には及ばない」「賑いに必要な笛・太鼓、最新の練物、三味線などの音曲《おんぎょく》は禁止しない」とわざわざ断りを入れている。衣類については享保六年の禁止令を踏襲したとはいえ、金箔が必要なら真鍮《しんちゅう》箔で、高価な紅花染めの縮緬《ちりめん》(緋縮緬)は安い紅茜《あかね》で代用せよと、むしろ賑やかな祭礼を促進するような規定まで盛り込まれた。

ところが、安政二年(一八五五)の神田祭の時から江戸城への入城が禁止になった。しかし、町奉行からは「それでは景気が悪くなるから再検討を」という意見が出されたほか、「江戸市中の物資供給を潤沢にしなければ開港後の外国人居留にも支障が出る」と老中以下が判断したこともあって、入城は復活している(鈴木二〇一三b)。

祭礼が目に余るほど華美・贅沢ならば取り締るが、それほどでなければ、かえって景気刺激になるという認識は、江戸時代の中ごろには確立しており、時代を経るにしたがってその傾向は強くなっていったのであった。祭礼には神輿のほか練物や山車、祝い物や酒食の饗応など、多額のお金がかかる。当時の江戸では、町入用、水道、祭礼の費用が「地主の三厄」といって地主の負担になっていたが、そうして使われたお金は、人々に回っていったのであった。その意味で、当時の祭礼は「最大の福祉」といっても過言ではなかった。銭を与えることよりも、経済を活性化させたり、金融を円滑にして人々にお金を回すことが「都市問題」の解決に有効であった。〝経済〟は究極の〝福祉〟であったのだ。

# あとがき

　徳川家康の入府をきっかけに江戸は大発展を遂げた。ハードとしての城下町建設が、それまでの時代に比べて一気に進んだだけではない。そのプロセスの中で、〝封建時代〟であるはずの江戸時代にあって、資本主義的なシステムがさまざまな場面で発達していった。ハードとソフトが嚙み合って、それぞれがスパイラルに成熟していったのである。

　そこでカギとなったのは、自然地形を活かしてコストと時間を最小限に抑えた城と都市づくりと、武家政権（軍事政権）である江戸幕府の性格上、本拠地の防衛や安全保障に最大限の配慮がなされた点であった。そして、天下普請、参勤交代、統一通貨の発行などの統治システムの整備を含め、家康は〝誰も逆らえない世の中〟を作ったのである。

　ところがそれは、江戸のダイナミズムのスイッチを押し、〝お金の時代〟のドアを開いた。皮肉なことに、お金を支配する町人が経済面の実権を握る世の中を導き出した。しかし、そこで人々が培った経済との向き合い方や都市の運営の仕方は、約二六〇年間にわたる江戸時代や、明治以降の近代化から今日に至る日本の発展の基礎となった。つまり、日本人にとって大きな遺産（レガシー）ないしは資産が造られたのであった。

将来の東京の都市像を考え、それを未来へのレガシーとして残していく上では、「環境負荷の少ない都市」「災害などの危機に強い都市」「住民・来訪者にとって安心・安全な都市」さらには「幸福を感じられる都市」といったテーマを避けて通ることはできない。

江戸を語ることは、単に過去を回顧することではない。本書で取り上げた〝江戸の話〟は、そうしたテーマと重なる部分も多く、過去の事実であっても、現代的な視点でとらえなおすことによって、〝持続可能な東京〟を考える上でのカギになる可能性も秘めている。「江戸の発展」を振り返ることによって、〝将来の東京〟を考えるための視座を定めていく上で、読者の皆様のなにがしかの役に立つのであれば、それほど嬉しいことはない。

末筆になるが、このような〝遠大な計画〟の出版を快諾頂いた上に、脱線の挙句、あらぬ方向に進みそうになりがちな筆者に対して、常に冷静かつ説得力に満ちた言葉でお導き頂いた筑摩書房の河内卓氏と松田健編集長に、心より感謝申し上げます。

平成二八年一〇月

鈴木浩三

# 主要参考文献


新井白石『折たく柴の記』松村明校注、岩波文庫、一九九九年
飯塚浩二「人文地理学説史」『飯塚浩二著作集6』平凡社、一九七五年
石野広通『上水記（復刻版）』東京都水道局、一九六五年
市木武雄『梅花無尽蔵注釈』第一巻、続群書類従完成会、一九九三年
伊東多三郎「天正日記と仮名性理」『日本歴史』第一九六号、一九六四年
大石慎三郎『享保改革の経済政策　増補版』御茶の水書房、一九六八年
大石慎三郎『田沼意次の時代』岩波書店、一九九一年
大石慎三郎『吉宗と享保改革』日本経済新聞社、一九九四年
岡野友彦『家康はなぜ江戸を選んだか』教育出版、一九九九年
織田完之『平将門故蹟考』碑文協会、一九〇七年
小和田哲男『NHKさかのぼり日本史7　戦国　富を制する者が天下を制す』NHK出版、二〇一二年
勝海舟『新訂　海舟座談』巌本善治編、勝部真長校注、岩波文庫、一九八三年
神田明神史考刊行会編『神田明神史考』神田明神史考刊行会、一九九二年
菊池弥門「柳営秘鑑」『内閣文庫所蔵史籍叢刊　第5巻　柳営秘鑑（一）』南和男解題、汲古書院、一九八一年
クラウゼヴィッツ『戦争論』中、篠田英雄訳、岩波文庫、一九六八年
幸田成友『江戸と大阪』冨山房、一九三四年
小林清治『伊達政宗の研究』吉川弘文館、二〇〇八年

鈴木浩三『資本主義は江戸で生まれた』日経ビジネス人文庫、二〇〇二年
鈴木浩三『江戸商人の経営（ビジネス）戦略』日経ビジネス人文庫、二〇一三年a
鈴木浩三『江戸の風評被害』筑摩選書、二〇一三年b
鈴木浩三「江戸と防衛　等高線からみた江戸のまちづくり（一）家康入国」『地理』第六〇巻第二号、二〇一五年
鈴木浩三「江戸と防衛　等高線からみた江戸のまちづくり（二）江戸の天下普請」『地理』第六〇巻第三号、二〇一五年
鈴木浩三「江戸と防衛　等高線からみた江戸のまちづくり（三）家康没後」『地理』第六〇巻第四号、二〇一五年
鈴木理生『家主さんの大誤算』三省堂、一九九二年
鈴木理生『江戸はこうして造られた』ちくま学芸文庫、二〇〇〇年
鈴木理生『江戸の町は骨だらけ』ちくま学芸文庫、二〇〇四年
鈴木理生『お世継ぎのつくりかた』ちくま学芸文庫、二〇一〇年
鈴木理生編著『図説　江戸・東京の川と水辺の事典』柏書房、二〇〇三年
大道寺重祐『岩淵夜話別集』国立国会図書館蔵
大道寺重祐「落穂集追加」『史籍集覧』近藤瓶城校、観奕堂版、一八八四年
徳富蘇峰『近世日本国民史　豊臣秀吉（二）』講談社学術文庫、一九八一年
嶋崎丞監修『利家とまつ　加賀百万石物語展――前田家と加賀文化』図録、NHK、二〇〇二年（「61　前田利家朱印状　高嶋屋伝右衛門・横地藤介宛」「93　前田利家朱印状　つるか高嶋屋宛」）
内藤昌『江戸と江戸城』鹿島研究所出版会、一九六六年（及び講談社学術文庫、二〇一三年）
根岸茂夫『大名行列を解剖する』吉川弘文館、二〇〇九年
根岸鎮衛『耳囊』上、長谷川強校注、岩波文庫、一九九一年

長谷川成一「戦国末期の津軽地方について」『北奥文化』第一五号、北奥文化研究会、一九九四年
長谷川成一「6章　近世北奥世界の開幕」『青森県の歴史』長谷川成一・村越潔他、山川出版社、二〇〇〇年
畑市次郎『東京災害史』都政通信社、一九五二年
藤田覚『遠山金四郎の時代』講談社学術文庫、二〇一五年
馬場治子「府中御殿」『府中市郷土の森博物館紀要』第二五号、二〇一二年
松本四郎「近世後期の都市と民衆」『岩波講座日本歴史12　近世4』岩波書店、一九七六年
水江漣子『家康入国』角川選書、一九九二年
三田村鳶魚「江戸ッ子」『三田村鳶魚全集』第七巻、中央公論社、一九七五年
柚木学『近世海運史の研究』法政大学出版局、一九七九年
読売新聞北陸支社編『北陸から見た日本史』洋泉社歴史新書、二〇一五年
綿貫友子「中世後期東国における流通の展開と地域社会」『歴史学研究』増刊号（通巻第六六四号）、一九九四年

**史料**

『吾妻鏡』上、国書刊行会編、大観堂、一九四三年
『江戸東京問屋史料　諸問屋沿革誌』東京都編、東京都、一九九五年
『御触書寛保集成』高柳眞三・石井良助編、岩波書店、一九五八年〔一、四、六、九、一〇、一一、一二五二、一四三二、一八三四、二二九一、二三九二〕
『御触書天保集成』上、高柳眞三・石井良助編、岩波書店、一九五八年〔六五六八〕
『御触書天保集成』下、高柳眞三・石井良助編、岩波書店、一九五八年〔五六七六〕
『御触書宝暦集成』高柳眞三・石井良助編、岩波書店、一九五八年〔一〇〇七〕

「金沢古蹟志」『加賀藩史料』第3編、前田育徳会編、清文堂、一九三〇年（一九七〇年復刻）
『鎌倉市史』史料編第二（円覚寺文書）、鎌倉市史編纂委員会編、吉川弘文館、一九六七年（「六　北条氏執事奉書」「七　北条時宗申文」「六〇　円覚寺文書目録」「三九〇　豊臣秀吉禁制」「三九一　豊臣秀吉朱印状」「四七七　山中長俊添状案」「四七八　彦坂元正手形案」）
『改訂　史籍集覧　編外四　参考源平盛衰記（中）』近藤瓶城編、臨川書店、一九八四年
『義経記』（日本古典文学大系37）岡見正雄校注、岩波書店、一九五九年
『西鶴集　下』（日本古典文学大系48）野間光辰校注、岩波書店、一九六〇年
『新修名古屋市史』第二巻、新修名古屋市史編集委員会編、名古屋市、一九九八年
『新編武蔵風土記稿』第一巻、蘆田伊人編、雄山閣、一九七二年
『台東区史』通史編1、台東区史編纂専門委員会編、東京都台東区、一九九七年
『大日本近世史料　諸問屋再興調一』東京大学史料編纂所編、東京大学出版会、一九五六年（「二　南町奉行上申書　老中宛」、「四　寄合筒井政憲上申書　老中宛」）
『大日本近世史料　諸問屋再興調二』東京大学史料編纂所編、東京大学出版会、一九五九年（「八八　江戸本材木町名主新助後見新右衛門上申書」）
『大日本近世史料　諸問屋再興調十五』東京大学史料編纂所編、東京大学出版会、一九八〇年（「六　堀江町名主熊井利左衛門上申書（享保度より寛政度迄諸商人之内　問屋と定候名目取調申上候書付）」）
「第四十三　落穂集」『改訂　史籍集覧』第十冊、近藤瓶城編、すみや書房、一九六七年（復刻版）
『中央区史』上巻、東京都中央区、一九五八年
『東京市史稿』産業篇第二、第三、東京市、一九三七年・一九四一年
『東京市史稿』産業篇第四、第九、第十一、第十三、第十四、第二十、第二十八、第三十五、第三十七、第三十八、第三十九、第四十三、第四十六、第四十八、第四十九、第五十三、第五十五、東京都、一九五四年〜二〇一四年

『東京市史稿』市街篇第四十三、東京都、一九五六年
『東京市史稿』変災篇第四、東京市、一九一七年
『東京市史稿』救済篇第三、東京市、一九二二年
『都史紀要七　七分積金』東京都、一九六〇年
『日本関係海外史料　イギリス商館長日記』訳文編之上・下、東京大学史料編纂所編、東京大学出版会、一九七九・一九八〇年
『幕末御触書集成』第五巻、石井良助・服藤弘司編、岩波書店、一九九四年
『文政年間漫録』『未刊随筆百種』第2、三田村鳶魚校訂、米山堂、一九二七年
『町奉行歴代帳』『金沢市史』資料編6、金沢市史編さん委員会編、金沢市、二〇〇〇年

**地図ほか**

国土地理院5万分の1地形図「東京西北部」（平成一五年修正）、「東京西南部」（平成七年修正）、「東京東北部」（平成一七年要部修正）、「東京東南部」（平成一八年修正）
大日本帝国陸地測量部5万分の1地形図「東京西北部（仮製版）」（大正八年部分修正）、「東京西南部（仮製版）」（明治四五年部分修正）、「東京東北部（仮製版）」（大正八年部分修正）、「東京東南部（仮製版）」（明治四二年測図）
「河野北前船主通り散策ガイド」南越前町、及び「右近家の廻船経営」（北前船主の館・右近家の展示説明による）
「関興寺Ⅱ（新潟県ホームページ）」（http://www.pref.niigata.lg.jp/minamiuonuma_kikaku/1356787500981.html）
東叡山寛永寺ホームページ（http://kaneiji.jp）
日本銀行金融研究所貨幣博物館ホームページ（http://www.imes.boj.or.jp/cm）

ちくま新書
1219

# 江戸《えど》の都《と》市力《しりょく》
## ——地形《ちけい》と経済《けいざい》で読《よ》みとく

二〇一六年一一月一〇日　第一刷発行

著者　鈴木浩三（すずき・こうぞう）
発行者　山野浩一
発行所　株式会社　筑摩書房
東京都台東区蔵前二-五-三　郵便番号一一一-八七五五
振替〇〇一六〇-八-四一二三
装幀者　間村俊一
印刷・製本　三松堂印刷　株式会社

乱丁・落丁本の場合は、左記宛にご送付ください。
送料小社負担でお取り替えいたします。
ご注文・お問い合わせも左記へお願いいたします。
〒三三一-八五〇七　さいたま市北区櫛引町二-六〇四
筑摩書房サービスセンター　電話〇四八-六五一-〇〇五三

ISBN978-4-480-06924-5 C0221

## ちくま新書

1144
### 地図から読む江戸時代
上杉和央
空間をどう認識するかは時代によって異なる。その違いを象徴するのが「地図」だ。古地図を読み解き、日本の形を作った時代精神を探る歴史地理学の書。図版資料満載。

1198
### 天文学者たちの江戸時代
——暦・宇宙観の大転換
嘉数次人
日本独自の暦を初めて作った渋川春海を嚆矢とする「江戸の天文学者」たち。先行する海外の知と格闘し、暦・宇宙の研究に情熱を燃やした彼らの思索をたどる。

1034
### 大坂の非人
——乞食・四天王寺・転びキリシタン
塚田孝
「非人」の実態は、江戸時代の身分制だけでは捉えられない。町奉行所の御用を担っていたことなど意外な事実を明らかにし、近世身分制の常識を問い直す一冊。

1096
### 幕末史
佐々木克
日本が大きく揺らいだ激動の幕末。そのとき何が起き、何が変わったのか。黒船来航から明治維新まで、日本の生まれ変わる軌跡をダイナミックに一望する決定版。

1210
### 日本震災史
——復旧から復興への歩み
北原糸子
度重なる震災は日本社会をいかに作り替えてきたのか。有史以来、明治までの震災の復旧・復興の事例に焦点を当て、史料からこの国の災害対策の歩みを明らかにする。

937
### 階級都市
——格差が街を侵食する
橋本健二
街には格差があふれている。古くは「山の手」「下町」と身分によって分断されていたが、現在もその構図は変わっていない。宿命づけられた階級都市のリアルに迫る。

1063
### インフラの呪縛
——公共事業はなぜ迷走するのか
山岡淳一郎
公共事業はいつの時代も政治に翻弄されてきた。道路、ダム、鉄道——国の根幹をなすインフラ形成の歴史を追い、日本のあるべき姿を問う。もう善悪では語れない！